城市群产业共聚：空间演进与差异分析

肖茜文　著

北　京
冶 金 工 业 出 版 社
2025

内容提要

本书是一部系统阐述城市群产业空间发展的经济学论著。全书从现代产业体系与区域经济协调发展的角度出发，结合机器学习、空间计量等方法，围绕城市群产业共聚的空间差异问题，对城市群产业共聚的机理、产业共聚水平、空间效应及其关联要素进行了深入探索，并以珠三角城市群为例展开实证研究。

本书集理论性、工具性、实用性于一体，可作为高等院校经济管理类及相关专业的教材或参考用书，也可供从事区域经济规划、产业政策制定的科研人员、政府官员和决策者，以及希望了解区域经济现象、产业空间发展规律的读者阅读参考。

图书在版编目（CIP）数据

城市群产业共聚：空间演进与差异分析／肖茜文著.
北京：冶金工业出版社，2025. 5. -- ISBN 978-7-5240-0157-7

Ⅰ. F299. 21

中国国家版本馆 CIP 数据核字第 2025ZY6480 号

城市群产业共聚：空间演进与差异分析

出版发行	冶金工业出版社	**电　　话**	(010)64027926
地　　址	北京市东城区嵩祝院北巷 39 号	**邮　　编**	100009
网　　址	www. mip1953. com	**电子信箱**	service@ mip1953. com

责任编辑　夏小雪　美术编辑　彭子赫　版式设计　郑小利
责任校对　葛新霞　责任印制　禹　蕊

北京建宏印刷有限公司印刷

2025 年 5 月第 1 版，2025 年 5 月第 1 次印刷

710mm × 1000mm　1/16；10. 25 印张；199 千字；154 页

定价 65. 00 元

投稿电话　(010)64027932　投稿信箱　tougao@cnmip. com. cn
营销中心电话　(010)64044283
冶金工业出版社天猫旗舰店　yjgycbs. tmall. com

（本书如有印装质量问题，本社营销中心负责退换）

前　言

本书以产业共聚形成的新产业空间格局为切入点，围绕城市群和我国经济发展的研究背景，直面区域经济协调发展的现实问题，将产业与空间的互动关系放入区域发展之中考察，深入挖掘产业共聚与区域经济协调发展的内在联系机制，并针对产业共聚的测算、珠三角城市群产业空间结构、产业共聚对经济增长和经济效率的影响，以及产业共聚与现代产业体系互动关系等方面展开理论与实证相结合的研究，构建了“现代产业体系—产业共聚—城市群经济协调发展”的理论分析框架，重点分析产业共聚的空间形态、产业共聚与经济增长的影响、产业共聚与全要素生产率的空间效应。以珠三角城市群为例，对专业化与多样化产业共聚空间布局，以及产业体系进行深入分析，为产业共聚促进区域经济协调发展的相关议题研究提供了新的理论分析视角。

本书内容聚焦于以下几个方面：

第一，产业共聚、城市群、产业体系以及现代产业体系的概念辨析与理论探索，从产业技术体系与产业空间体系两方面，对产业集聚理论、空间经济学理论、城市群和现代产业体系理论展开讨论。

第二，产业共聚对经济增长的作用机理分析。通过产业共聚集聚与扩散效应推动了城市群产业体系的创新，以获得城市以及城市群经济增长和规模扩大的乘数效应。

第三，城市群产业共聚的直观呈现与空间演进分析，以弥补以往研究只专注某一方面研究的不足，即从静态空间到连续空间、从专业化产业共聚到多样化产业共聚的研究。

第四，城市群产业共聚对全要素生产率的影响研究。通过 DEA-Malmquist 指数测算了珠三角城市群的全要素生产率，对珠三角城市群内各城市以及整个区域的全要素生产率增长及特征进行了测算与分析，检验了产业共聚影响全要素生产率的方式和空间溢出效应，探索了产业共聚对全要素生产率的作用机制。

第五，城市群产业共聚与经济增长的影响研究。城市群现代产业体系由产业技术体系和产业空间体系共同构成，分别对应着产业共聚所产生的正负外部性效应和空间关联性；通过空间关联性和区域产业链的整合，产业共聚的外部性能够促进产业技术体系的完善，同时在产业的空间体系中有所反映，并据此形成了高效的多样化产业空间运营体系。

我国区域空间经济学领域的研究人才辈出，新成果不断涌现，本书的研究只是该学科的冰山一角。此外，对城市群产业共聚推动现代产业体系的演化路径，及其对经济增长效益的影响机制开展了有益的探索。谨以本书献给对该学科感兴趣的各位读者，希望以此来扩充区域空间经济学的研究。

本书以宁波市社科规划/常规年度课题“文化创意产业数字赋智宁波乡村新质生产力提升路径与策略研究”（G2024-1-08），浙江省文化创意产业协会项目“共同富裕背景下文创产业赋能乡村振兴的作用机理与实现路径研究”（23zjwcxh21），宁波工程学院学校科研基金/学校科研启动基金项目“城市群产业共聚：空间演进与差异分析”（2022KQ58），以及宁波工程学院高校研究所/高校研究课题“新型集体经济赋能宁波农民农村共同富裕的机理与路径研究”（2023NGGJGF05）的研究成果为基础撰写而成。在研究过程中，吉林大学、长春理工大学和宁波工程学院的师生参与了数据的收集和整理等工作，在此表示感谢！感谢宁波工程学院区域发展与共同富裕研究院的支持，感谢我的导师赵儒煜教授，在学术道路以及人生道路上不断指引我，探索学术新问题、新研究方向，为我在研究中产生的困惑指点迷津，并进一步指导我完成此专著，感谢我的师母刘冠宏老师给予我生活上的帮助，还要感谢父母家人对我的帮助与支持，你们的理解与呵护为我在人生的道路上筑起最坚实的后盾。最后，感谢冶金工业出版社让本书得以付梓出版！

本书在撰写过程中，引用了相关领域的一些著作和文献，在此向文献作者表示衷心的感谢。

由于作者水平所限，书中不妥之处，敬请广大读者批评指正。

作　者

2024 年 12 月

目　　录

1 城市群视角下的产业共聚研究

1.1 城市群产业空间布局与产业共聚相关研究

1.1.1 城市群相关研究

1.1.1.1 城市群的概念

城市群（Urban Agglomeration），是指通过中心城市的辐射带动作用，影响周边城市共同发展的城市集合体，城市群具有经济上紧密相连、各城市功能分工明确且相互合作、交通相互连接以及基础设施和资源等共享的区域空间网络特征（顾朝林，2011）❶。在我国，城市群的发展已然形成了独特的经济圈，对于产业体系的建设和规划、区域经济的协调发展都有深远的影响。

19 世纪末，诞生了城市群这一概念的思想萌芽，Howard（1898）在其研究中初步提及了城市群这一概念，他将城市周围的其他城镇纳入到城市的发展规划中，并将城镇与乡村结合为整体加以研究，即城镇集群（Town Cluster）概念。城市群在纯地理学中，是指在一定区域范围内，各城市分布的特点具有紧密联系性的空间网络形态。通过不同的研究视角与方法，我国学者对城市群的概念与类型进行了定义与划分。戴宾（2004）在城市群概念和特征的分析上指出，城市群有两种类型，即非典型和典型城市群。非典型城市群是指还在发展中的城市群，其形态不固定，而典型城市群可分为多中心城市群、都市圈和城市带三种类型❷。王德利等（2018）在研究城市群的规模结构和演进趋势中发现，我国城市群的规模结构具有三种类型特点，分别为趋优型、波动型和趋劣型的城市群规模结构，其中双中心或多中心城市群一般呈现出趋优型的规模结构特征，波动型和趋劣型的城市群规模结构通常指单中心城市群❸。此外，我国城市群的发展局限于城市间的国内联系情况，曹清峰等（2020）通过城市体系结构研究我国城市群的发展，指出我国的城市体系具有多中心多圈层的特点；其结构类似于“四级金

❶ 顾朝林．城市群研究进展与展望［J］．地理研究，2011，30（5）：771-784.

❷ 戴宾．城市群及其相关概念辨析［J］．财经科学，2004，6：101-103.

❸ 王德利，杨青山．中国城市群规模结构的合理性诊断及演变特征［J］．中国人口·资源与环境，2018，28（9）：123-132.

字塔”，但大多数中心城市辐射能力较弱，且具有单中心和多中心城市群并存的特点；他认为我国城市群可分为三个种类，即“纺锤形”“哑铃形”和“金字塔形”城市群，其中“纺锤形”城市群是指二、三线城市占比较高，城市群内各城市的发展差距较小；“哑铃形”城市群是指城市群内各城市的发展差距较大，大多由一、四线城市构成；“金字塔形”城市群是指发展水平较低，其组成部分包含了大量的低层级城市❶。

随着研究的深入，城市群的概念不断增加新的内涵，也更加系统化。新时期，以城市群为区域经济一体化发展格局的重心，已成为区域发展规划的战略重点，城市群的空间结构、区域空间产业体系建设以及区域经济协调发展都将成为我国今后经济增长的主要动力。研究表明，多中心城市群将更有利于经济发展质量的提高（李泽众等，2020）❷，而珠三角城市群正是多中心城市群的典型代表，通过研究珠三角城市群内经济活动的发展趋势，包括专业化与多样化产业共聚，及其对区域经济增长效益的提升作用，有助于推进我国区域经济的高质量发展研究。

1.1.1.2　城市群产业空间布局与发展研究

城市群产业空间布局与发展研究，包括产业体系的建立及其对区域经济增长的影响。产业的空间布局是产业在区域空间的投影，区域的发展从具有比较优势的点开始，点与点又构成了发展轴，通过各个发展轴又构成了网络，进而推动了城市群体系的发展（陈梦筱，2015）❸，这是产业结构对区域空间的影响。在产业布局、产业结构以及产业集聚研究中，越来越多学者认为应考虑空间因素的重要性。于斌斌（2016）在研究我国生产性服务业集聚模式选择时，强调了空间因素的重要性，一方面城市是生产性服务业集聚的空间载体，另一方面多数学者在研究产业集聚时以省为空间范围，但省内各城市作为均值空间考虑，并未考量区域空间异质性的关键作用❹。王林辉等（2020）认为，要素在区域间的流动会使经济发展水平较好的地区吸引更多要素资源的集聚，从而产生集聚效应且推动了区域经济的增长，而各地区具有的要素禀赋、政策制度、要素流动的频繁程度与方向都具有异质性，通过异质性考察产业空间布局、产业集聚等问题的研究还有

---

❶ 曹清峰，倪鹏飞．中国城市体系的层级结构与城市群发展——基于城市全球竞争力、全球联系度及辐射能力的分析［J］．西部论坛，2020，30（2）：45-56.

❷ 李泽众，沈开艳．城市群空间结构对经济高质量发展的影响［J］．广东社会科学，2020，2：26-36.

❸ 陈梦筱．城市形态与产业空间布局实证研究——以河南省为例［J］．区域经济评论，2015，2：144-149.

❹ 于斌斌．中国城市生产性服务业集聚模式选择的经济增长效应——基于行业、地区与城市规模异质性的空间杜宾模型分析［J］．经济理论与经济管理，2016，1：98-112.

所欠缺❶。万庆等（2013）认为，城市群内所有产业的简单相加与汇总并不是城市群产业结构，城市群产业结构可以看作是各城市在城市群相互作用，形成了新的区域分工合作结果❷。城市群产业体系的形成是各城市相互作用与相互依存的有机整体，具体来说，城市群产业体系既包含产业间的分工合作，各产业在不同城市中又具有各城市的特色与优势。各城市内的产业体系根据自身的优势与特色，在城市群甚至更大的空间中承担不同的功能，从而使整体的城市群产业空间体系具有综合职能性，以及产业协调发展的能力和结构效应，各城市间联系越密切，城市群产业空间体系便越能发挥其作用。

城市群内的产业分工模式可分为垂直、水平与网络三种，通过产业的差异性分工，城市群中不同产业的空间集聚共同促进了区域经济的增长（周圣强等，2013）❸。张伟等（2014）认为，产业间分工是不同产业在不同区域内的专业化分工结果，能够促进差异性产业在不同区域空间中的集聚，包括专业化集聚与多样化集聚，产业分工又决定了产业体系的形成，二者之间联系紧密❹。孙斌等（2019）总结与回顾了国内外城市群产业协调发展的文献，发现大部分学者是从产业发展的角度对该主题展开研究，并认为高水平与高质量的产业集聚对区域经济的发展产生积极的影响。但是，如果城市群中各城市内产业出现大量同构现象，那么对于同类要素资源的竞争将不断增强，且同类产业在没有提升产业技术水平和自身的综合竞争力低下时，将极大地造成因产业同构而导致的产业体系不合理现象，此时城市群内同构产业将无法与其他城市群相竞争，这便导致城市群内各城市丧失部分经济优势，最终将出现区域发展失衡现象❺。金田林等（2021）认为，区域经济活动形成的集聚与拥挤效应会使要素在区域间流动，在本地的产业为了寻求自身的发展要么选择技术进步，要么选择转移至周边地区，各产业在区域空间中的集聚形成了空间的功能分工，从而促进了城市功能体系的优化和区域经济的整体发展❻。

---

❶ 王林辉，赵星．要素空间流动、异质性产业集聚类型与区域经济增长——基于长三角和东北地区的分析［J］．学习与探索，2020，1：116-122.

❷ 万庆，曾菊新．基于空间相互作用视角的城市群产业结构优化——以武汉城市群为例［J］．经济地理，2013，33（7）：102-108.

❸ 周圣强，朱卫平．产业集聚一定能带来经济效率吗：规模效应与拥挤效应［J］．产业经济研究，2013（3）：12-22.

❹ 张伟，胡剑波．产品内分工、产业体系演变与现代产业体系形成［J］．产经评论，2014，5（4）：5-17.

❺ 孙斌，王亮文．城市群产业协调发展研究综述［J］．科技和产业，2019，19（12）：54-58.

❻ 金田林，王振东．城市规模分布、空间功能分工与区域经济增长［J］．现代经济探讨，2021（5）：17-27.

1.1.2　产业共聚相关研究

1.1.2.1　产业共聚的概念与现象

产业共聚是产业集聚概念的拓展。近年来，众多学者对于产业共聚的相关研究逐渐增多，其概念和定义也逐渐完善。受过往学者研究的影响，严含等（2017）提出了“产业集群群”的概念，即在区域空间中两个产业群的集聚，并以城市和城市群作为“产业集群群”的恰当比喻❶，这与 Ellison，Glaeser（1997）提出的产业共聚概念相似，即产业群在区域空间中的集聚。陈国亮等（2012）对产业共聚的概念加以解释，认为产业共聚的主要表现是关联产业在空间中的集聚，其表现形式主要有两种，其一为垂直共聚，即上下游关联产业的共聚；其二为横向共聚，即具有关联性产业间的共聚。他还指出，产业共聚不同于产业协同集聚和多元化经济，这三个概念具有一定的相似性，即三者之间共同强调了多个产业的空间集聚概念，其中产业协同集聚更偏向于政治经济学，产业共聚更强调关联产业在空间中的共同集聚，而多元化经济则不强调产业共聚中产业的关联性，即没有相似性或没有联系的产业在空间中也会产生集聚现象❷。贺灿飞等（2012）在研究中国制造业共聚与生产率的研究中提到，单一产业的集聚是由多个内部子产业的共同集聚组成。东童童（2018）在研究中国工业企业共聚机制中指出，产业共聚的概念较为模糊，大多认为产业共聚是指具有纵向和横向联系的企业在特定区域空间内集中的演变趋势与过程❸。张可等（2018）从集聚经济角度对产业共聚的定义进一步细化，认为产业共聚的内涵可以分为两种，其一是专业化集聚，即在同部门产业中的共聚；其二是多样化集聚，即跨部门产业间的共聚❹。对于产业共聚概念的理解，一些学者将其理解为同部门产业下细分行业在空间中的集聚并加以研究（陈国亮，2015；陈曦等，2018；邵朝对等，2018；陈露等，2020），还有一些学者认为产业共聚是跨部门产业在空间中的集聚（Ellison 等，2010；陈晓峰等，2014；陈建军等，2016；刘胜等，2019）。

此外，产业共聚是经济活动中长期存在的现象，但长期以来一直以产业集聚的视角受到关注。关于产业共聚现象的界定，是在近期的研究才得到充分的重

❶ 严含，葛伟民．“产业集群群”：产业集群理论的进阶［J］．上海经济研究，2017，5：34-43.

❷ 陈国亮，陈建军．产业关联、空间地理与二三产业共同集聚——来自中国 212 个城市的经验考察［J］．管理世界，2012，4：82-100.

❸ 东童童．中国工业企业共聚机制及其动因——基于所有制异质视角与微观企业数据的分析［J］．产经评论，2018，9（6）：46-65.

❹ 张可，毛金祥．产业共聚、区域创新与空间溢出——基于长三角地区的实证分析［J］．华中科技大学学报（社会科学版），2018，32（4）：76-88.

视。一般认为，产业共聚是上下游产业或企业经济活动互动关系的产物，是要素资源共享、产业分工等共同作用的结果（江曼琦等，2014；Behrens，2016）[1][2]，产业共聚可以是单一产业内不同部门的共同集聚，也可以是具有关联性的产业间的共同集聚，既存在“相关产业共聚”，也存在“无关产业共聚”（陈良文等，2006；孙晓华等，2015；王俊松，2016；陈奕玮等，2021）[3]~[6]。近年来，学者们对于产业共聚现象的深入研究做出了大量的贡献。Porterfeild，Pulver（1991）认为，生产性服务业为满足制造业的需求，需要靠近制造业进行产业的区位选择，二者在空间中的互动关系呈现出共同集聚的特征[7]。Barrios 等（2003）通过研究爱尔兰 1972—1999 年二位数和三位数制造业数据，发现有共同集聚的情况，但该情况极少出现[8]。陈宪等（2004）研究认为，生产性服务业与制造业存在动态演进的关系，其中信息技术有助于生产性服务业和制造业的融合[9]。Behrens（2016）对生产性服务业和制造业进行产业区位分析，发现两个产业之间存在协同定位的关联，城市内形成的不同产业的集群符合空间自组织理论，而城市外围地区制造业集群的形成则需要生产性服务业的帮助[2]。张卉等（2007）测算了制造业中类产业内和产业间的共聚指数，发现无论是产业内共聚还是产业间共聚都对经济发展存在一定影响，其中，轻工业部门间的集聚度较为明显[10]。贺灿飞等（2012）发现，产业集聚类型的差异性对经济的发展存在不同影响，一种产业的集聚是由其所属产业链内的下属产业共同集聚组成的[11]。陈娜等（2013）采用城

---

[1] 江曼琦，席强敏．生产性服务业与制造业的产业关联与协同集聚［J］．南开学报（哲学社会科学版），2014，1：153-160.

[2] BEHRENS K. Agglomeration and clusters：Tools and insights from coagglomeration patterns［J］. Canadian Journal of Economics，2016，49（4）：1293-1339.

[3] 陈良文，杨开忠．地区专业化、产业集中与经济集聚——对我国制造业的实证分析［J］．经济地理，2006，S1：72-75.

[4] 孙晓华，郭旭，张荣佳．产业集聚的地域模式及形成机制［J］．财经科学，2015，3：76-86.

[5] 王俊松．集聚经济、相关性多样化与城市经济增长——基于 279 个地级及以上城市面板数据的实证分析［J］．财经研究，2016，42（5）：135-144.

[6] 陈奕玮，吴维库．产业集聚、产业多样化与城市经济韧性关系研究［J/OL］．科技进步与对策：1-10［2021-08-10］.

[7] PORTERFEILD S L，PULVER G C. Exports，impacts，and locations of services producers［J］. International Regional Science Review，1991，14（1）：41-59.

[8] BERTINELLI L，BARRIOS C S，STROBL E. Coagglomeration and growth［J］. ZEW Discussion Papers，2003.

[9] 陈宪，黄建锋．分工、互动与融合：服务业与制造业关系演进的实证研究［J］．中国软科学，2004，10：65-71，76.

[10] 张卉，詹宇波，周凯．集聚、多样性和地区经济增长：来自中国制造业的实证研究［J］．世界经济文汇，2007，3：16-29.

[11] 贺灿飞，肖晓俊．产业集聚、产业共聚与中国制造业生产率［J］．哈尔滨工业大学学报（社会科学版），2012，14（1）：111-120.

市截面数据建立模型，发现在空间中，生产性服务业和制造业的分布格局存在协同集聚效应❶。胡尊国等（2015）认为，具有关联性的产业在空间上的共同集聚现象是普遍存在的，在区域内产业结构完全专业化或具有全部产业的产业结构是不存在的，区域内专业化和多样化的产业结构共同形成了产业共聚❷。冯鹏飞等（2017）通过生产性服务业与制造业共聚指数的测算，发现信息产业、物流运输业与技术密集型产业共聚度较高，在北京市内的中关村科学城以及亦庄经济技术开发区等地是主要的共同集聚区❸。

基于前述学者的相关研究可见，产业共聚的概念尚未达成一致的界定。从集聚的产业种类来看，在区域空间中，单一产业下细分行业的集聚是可以定义为产业共聚的，因其所属同一部门下的细分行业在空间内是共同集聚的。同样地，在多样化产业中，如二、三产业在某一空间内的集聚亦可称为产业共聚，这种共聚与其上下游产业链、关联性产业的互动息息相关。此外，也有学者认为产业共聚可以分为“相关产业共聚”和“无关产业共聚”（王俊松等，2016）。因此，在参考陈国亮等（2012）和张可等（2018）学者研究的基础上，根据珠三角城市群及其产业空间的特殊发展趋势，认为产业共聚的概念和内涵可以包含两方面内容：其一是区域空间内单一产业下细分行业的共聚，即专业化产业共聚；其二是区域空间内具有关联性或所处上下游产业链中产业的共同集聚，即多样化产业共聚。需要注意的是，产业共聚的概念与内涵包含的上述两个方面，在产业发展的不同阶段是有所侧重的，具体阐释详见后文。对于产业共聚现象的研究，学者们关注到了其存在及其一般性表现，但研究只是在表象而未深究其内里。

1.1.2.2 产业共聚的形成机制

对产业共聚的形成机制研究有助于进一步探究区域空间内相关要素对产业共聚的影响程度。产业共聚的形成机制主要围绕着马歇尔（Marshall，1920）的产业集聚形成原因展开，马歇尔认为，集聚的三要素有劳动力供给、知识溢出和投入产出关联，很多学者都以此来对产业共聚形成机制作相关研究。维纳布尔斯（Venables，1996）指出，在区域中的运输成本等费用处于中游水平时，产业更倾向于共同集聚，但当运输成本持续降低时，产业的布局呈扩散趋势，而当劳动

❶ 陈娜，顾乃华．我国生产性服务业与制造业空间分布协同效应研究［J］．产经评论，2013，5：35-45.

❷ 胡尊国，王耀中，尹国君．劳动力流动、协同集聚与城市结构匹配［J］．财经研究，2015，41（12）：26-39.

❸ 冯鹏飞，申玉铭．北京生产性服务业和制造业共同集聚研究［J］．首都经济贸易大学学报，2017，19（2）：49-59.

力“蓄水池”与运输成本的下降共同结合时，将对服务业产业共聚的形成有直接作用。Ellison 等（2010）发现产业共聚的研究同样适用于马歇尔外部性理论，其中影响的关键因素为投入产出关联效应❶。Kolko（2007）认为，服务业内部存在共同集聚效应，其原因是信息技术进步产生的知识外溢效应使服务业各部门趋于集聚，同时让客户间的服务更便利，也更加靠近供应商❷。马国霞等（2007）认为，在空间范围内，产业共聚的问题源于外部规模经济和投入产出的关系，而产业在地理上的邻近亦有助于加强投入产出的关联性，形成循环累积的因果关系❸。高峰等（2008）在分析长三角产业共同集聚对京津冀发展启示的研究中，发现分工、制度、创新等因素的协同效应将促进产业在空间的共同集聚❹。Gallagher（2013）对异质性信息成本进行分析，将运输成本分为物理和信息两种，他认为产业共同集聚的形成机制来源于马歇尔外部性，当信息化达到一定水平时，“劳动力蓄水池”的作用将减弱，但规模经济效益和知识与技术溢出效应仍对产业共聚产生持续的影响❺。王春晖等（2014）认为，产业共聚形成的原因是由集聚的外部性引起的，在区域中相同或不同产业的共聚的发展过程，形成了不断获取不同类型外部性利益的机制❻。陈晓峰（2015）认为，产业间的联系与互动关系是形成产业共聚的基础和前提，关联性较强的产业更易在地理上邻近且形成共聚效应，产业共聚进一步降低了运输成本，提升了生产效率，与之形成相互促进的循环累积因果关系❼。陈国亮（2015）认为，海洋产业共同集聚的形成机制源于知识外溢和海洋产业联动的关系，邻近地区海洋产业的发展有助于本地海洋产业共聚的形成❽。叶长华等（2017）对工业与金融业共聚的研究发现，企业间的竞争、技术进步和知识溢出使二者之间形成共聚关系，而要素禀赋决定了

❶ ELLISON G, GLAESER L, KERR R. What causes industry agglomeration? Evidence from coagglomeration patterns [J]. American Economic Review, 2010, 100 (3): 1195-1213.

❷ KOLKO J. Can I get some service here? Information technology, service industries, and the future of cities [J]. Social Science Electronic Publishing, 2007.

❸ 马国霞，石敏俊，李娜．中国制造业产业间集聚度及产业间集聚机制［J］．管理世界，2007，8：58-65，172.

❹ 高峰，刘志彪．产业协同集聚：长三角经验及对京津唐产业发展战略的启示［J］．河北学刊，2008，28（1）：142-146.

❺ GALLAGHER R M. Shipping costs, information costs, and the sources of industrial coagglomeration [J]. Journal of Regional Science, 2013, 53 (2): 304-331.

❻ 王春晖，赵伟．集聚外部性与地区产业升级：一个区域开放视角的理论模型［J］．国际贸易问题，2014，4：67-77.

❼ 陈晓峰．生产性服务业与制造业协同集聚的机理及效应：理论分析与经验求证［D］．苏州：苏州大学，2015.

❽ 陈国亮．海洋产业协同集聚形成机制与空间外溢效应［J］．经济地理，2015，35（7）：113-119.

专业化与分工水平，同样也对共聚机制产生影响❶。陈晓峰等（2020）发现，海洋产业的共同集聚受马歇尔外部性影响，其中投入产出关联性的影响最强，受此影响的海陆经济联动和地区经济发展在技术进步引起的知识溢出效应的促进下，进一步推动了海洋产业的空间共聚❷。

总之，关于产业共聚的形成机制，大多数研究已经验证了马歇尔外部性的作用，还有一部分研究提出了行业竞争的作用，这一观点应是同业之间知识溢出的一个表现形式，也未跳出马歇尔外部性的基本框架。关于投入产出关联性的研究，进一步道出了产业共聚与产业体系形成之间的内在联系。在维纳布尔斯（Venables，1996）的研究中，进一步说明了在重化工业体系下制造业的共聚存在运输成本门槛，在当前以智能化为基本特征的新产业体系建设背景下，运输成本已大幅度降低，此时客观存在的产业共聚现象的扩大，应该是产业体系内在的技术相关性诱发的。

1.1.3　现代产业体系相关研究

1.1.3.1　现代产业体系的概念

现代产业体系的概念最早在党的十七大报告中提出，但并未进行明确的解读（张明哲，2010）❸。2008 年，广东省人民政府发布了《关于加快建设现代产业体系的决定》，在该决定中对现代产业体系给出了明确的定义❹，围绕这一共识性定义，我国学者展开了现代产业体系的相关研究。陈建军（2008）认为，现代产业体系的发展基础是产业的发展和产业的结构性升级，是具有现代化、融合性以及协调性产业发展特征的系统❺。向晓梅（2008）从产业结构与产业链角度对现代产业体系作出进一步解释，认为现代产业体系是产业间均衡且协调的横向联系发展，还是产业链的深入纵向延伸，更是产业与其发展所需的资源、制度以及环境等相互融合、协同发展的产业系统❻。

现代产业体系包含两方面内容，即“现代”与“产业体系”，在对这一概念

---

❶ 叶长华，周洲，陈立泰．西部地区工业集聚与金融业集聚协同发展的机制与模式研究［J］．经济问题探索，2017，4：47-51.

❷ 陈晓峰，张二震．中国海洋产业协同集聚的空间格局及其作用机制研究［J］．福建论坛（人文社会科学版），2020，10：132-143.

❸ 张明哲．现代产业体系的特征与发展趋势研究［J］．当代经济管理，2010，32（1）：42-46.

❹ 现代产业体系是以高科技含量、高附加值、低能耗、低污染、自主创新能力强的有机产业群为核心，以技术、人才、资本、信息等高效运转的产业辅助系统为支撑，以环境优美、基础设施完备、社会保障有力、市场秩序良好的产业发展环境为依托，并具有创新性、开放性、融合性、集聚性和可持续性特征的新型产业体系。

❺ 陈建军．关于打造现代产业体系的思考——以杭州为例［J］．浙江经济，2008，17：43-45.

❻ 向晓梅．着力构建现代产业体系［J］．港口经济，2008，9：42.

进行理解与阐述时，应对产业体系、传统产业体系和现代产业体系的概念加以辨析。刘明宇等（2009）指出，产业体系是现行经济结构与经济发展的状态，而现代产业体系是随时空与经济发展模式变化的产业系统，是与时俱进的概念❶。贺俊等（2015）认为，现代产业体系是产业结构概念的延续，现代产业体系具有产业更多维性、产业分工更多样化、产业边界更模糊的特点，既可以通过多维度产业结构视角来观察经济的发展情况，也可以从微观的产品与知识分工角度进一步探究经济发展的过程❷。盛朝迅（2019）在研究现代产业体系政策时发现，基于我国经济发展的现实情况和产业规划等差异，他认为现代产业体系在不同时期被赋予了不同的经济意义；在新时期，现代产业体系是能够适应科技变革的产业体系，是第一、二、三产业融合发展的新体系，还是注重要素质量的产业发展体系，更是以实体经济为重心的具有国际竞争力的产业体系❸。赵儒煜等（2019）认为，现代产业体系是在产业革命中诞生的，是符合现代经济发展方向的产业体系；现代产业体系主要由两方面构成：产业技术体系和产业空间体系，其中产业技术体系是指各产业技术关联产生的体系，产业空间体系则是产业技术体系的空间载体。因此，他将现代产业体系界定为产业技术体系与产业空间体系共同进步与发展形成的与时俱进的有机整体。

综上所述，我国学者从不同角度对现代产业体系这一概念进行了阐述，但多局限于产业经济学、产业分工和产业结构演化的理论束缚，忽视了现代产业体系的基本构成单元，即产业的技术体系与空间体系。本研究认为，首先，现代产业体系的概念需要结合产业共聚与城市群的经济发展来解读，也就是说产业共聚带来的外部性，尤其是正外部性引起的技术进步对产业发展和产业结构升级的促进构成了产业技术体系；其次，无论是产业发展还是产业共聚，对地域空间都存在一定的依赖性，因而在城市群这种特殊空间载体的现代产业体系建设中，既要协调各城市的空间异质性影响，又要发挥各城市内产业分工与优势的互补性，脱离空间载体去研究现代产业体系是不现实的。在参考盛朝迅（2019）、赵儒煜等（2019）学者研究的基础上，本书认为，现代产业体系是随时代变化、社会需求以及产业需求变化的与时俱进的概念，由产业技术体系和产业空间体系共同组成的，是技术与空间联动的有机整体。

1.1.3.2 现代产业体系相关理论

从人类经济发展的历程不难发现，单个产业的集聚过程是一个产业在特定空

❶ 刘明宇，芮明杰．全球化背景下中国现代产业体系的构建模式研究［J］．中国工业经济，2009，5：57-66.

❷ 贺俊，吕铁．从产业结构到现代产业体系：继承、批判与拓展［J］．中国人民大学学报，2015，29（2）：39-47.

❸ 盛朝迅．构建现代产业体系的瓶颈制约与破除策略［J］．改革，2019，3：38-49.

间内基于特定产业技术的自组织过程；多个产业的协同集聚，即产业共聚，则是产业体系在特定产业技术主导下的自组织过程。因此，从这个意义上看，产业共聚就是产业体系形成过程的空间表现形态。

产业体系是一个经济体内部在产业技术相关性和空间相关性作用下形成的产业技术体系与产业空间体系共同构成的对立统一的有机整体。因此，产业体系的基本理论应该是从产业技术和产业空间两方面入手对其加以理论诠释的，分别为：

（1）产业技术体系是指具有关联性产业技术的产业所构成的体系。技术使产业产生并发展，技术的关联性使相关产业得以发展，最终诞生了产业技术体系。

（2）产业空间体系具有产业技术体系的空间载体功能，是产业技术受空间要素限制下形成的具有空间特征的产业体系。

因此，产业技术体系决定了产业空间体系的发展，在作用并改变空间各要素发展的同时，对产业技术的进步与创新产生影响。

产业技术体系与产业空间体系是产业体系在不同层面的表现形式，是对立统一的。一方面，空间对技术形成有一定作用。产业技术体系中源技术[1]的形成，必须依托于特定地域空间的资源禀赋与要素特征，只有积累一定资源和资本、有更高生产力需求并有能力满足这一需求的地域空间才会产生适宜时代发展需要的源技术。另一方面，技术也选择空间。在源技术带动主干技术、旁支技术创新，逐步构建产业技术体系的同时，不同的技术会依据其所需的资源、劳动力、信息等要素条件而选择不同的空间落脚，进而依托该空间开展生产活动。因此，二者没有产生时间上的先后顺序，而是在人类认识和改造自然过程中应时而生，互为源头和动力、同步发展而来，在产业体系的构建中缺一不可[2]。

产业体系的形成过程必然逐步向以城市群为依托的方向发展。特别是在当前现代产业体系建设过程中，新产业革命迫切要求重大技术创新，而这一重任只能由经济规模巨大、人才优势显著、市场支撑能力强、科技金融发达的中心城市来完成。然后，逐步通过产业共聚的溢出效果，向周边城市延伸其产业链，扩展产业布局，形成建立在城市群基础上的现代产业体系。

---

❶ 源技术是指历程产业革命过程中最早出现革命性创新并诱发其他产业创新技术与之形成产业技术体系的技术。引自：赵儒煜．产业革命论［M］．北京：科学出版社，2003：26.

❷ 赵儒煜，肖茜文．东北地区现代产业体系建设与全面振兴［J］．经济纵横，2019（9）：17.

1.2 “现代产业体系—产业共聚—城市群经济协调发展”分析框架

1.2.1 系统性分析框架

关于产业共聚的研究体现出一个不争的事实是，目前研究焦点从一城一地的指向性研究拓展到区域空间的、整体的以及系统的研究。在第一章中对于相关概念、理论及现象的梳理发现，尽管各个学派从不同角度对产业集聚、产业协同集聚或产业共聚的形成与内在机理进行了剖析，但这些理论并不能完全适用于区域中第二、三产业共聚的研究，因此有必要寻找一个共性理论作为研究的基础。首先，借鉴以往的研究思路，可以发现地区的产业共聚具有空间依赖性，即一个地区产业的共聚能够影响周边地区的共聚，特别是邻近地区，由此可以说明空间具有连续性，那么只考虑在静态空间（单一区域）中产业共聚的研究就是片面的；其次，本书主要研究城市群产业共聚对区域经济发展的影响，以珠三角城市群为特定研究区域，空间连续性是必然存在于整个城市群内部的，仅从产业角度出发的研究也是不够全面的。因此，基于这种思路，本书从空间经济学角度出发，试图从这一角度探索产业共聚在珠三角城市群中所表现的特点；此外，以空间经济学理论为研究基础能够更好地分析产业共聚的内在机理，同时能够为后续的研究提供理论依据。

如果说理论的研究是实践的基础，那么理论需放入到合理的分析框架中，才能够拓展已有理论的价值和实际研究的价值。不同于以往研究，本书引入了现代产业体系的概念，这是对以往产业集聚或产业共聚对经济增长方面影响研究的重要补充；同时，现代产业体系也是衡量区域经济发展水平的重要标志，且在产业体系形成的视角下，产业不仅具有技术属性，还具有空间属性，这包含了产业因产业技术和空间连续性而共聚的特征。因此，本书构建了“现代产业体系—产业共聚—城市群经济协调发展”的分析框架，通过产业共聚水平的测算，结合现代产业体系，深入分析珠三角城市群专业化与多样化产业共聚空间布局，多角度、多层次地分析其产业共聚的空间经济发展因素和限定条件，为产业共聚促进区域经济协调发展的相关议题提供新的视角。

本书以珠三角城市群产业共聚的研究视角为基础，探索了专业化产业到多样化产业共同发展的趋势，构建了产业共聚水平的专业化以及多样化指标，分别应用于专业化产业共聚和多样化产业共聚的研究，既把握了产业共聚微观层面的性状，也分析了其宏观的发展趋势。其中，运用机器学习最优传输距离算法呈现专业化产业共聚的空间布局和发展趋势，成为本书研究核心问题界定的具体化方法。此外，将城市群产业的关联性与空间联动性相结合，能够完善以城市群为主导的产业体系的建立，以专业化产业共聚和多样化产业共聚作为探究珠三角城市群区域经济增长和产业空间网络治理的重点，突破了传统产业共聚研究中只专注于单一产业共聚的局限性，是城市群经济增长与可持续发展研究的内容创新。

最后，本书重点分析了产业共聚的空间形态、产业共聚对经济增长的影响、产业共聚与全要素生产率的空间效应，提出了产业共聚对全要素生产率的提升以及空间溢出效应具有很大的正向效应的主张，并在分析中加入了产业共聚对全要素生产率各分解效率的影响，从根本上探索了产业共聚影响全要素生产率的作用机制，以期从经济效率角度分析产业共聚影响经济增长的具体路径。

1.2.2　研究架构与理论分析路径

在新时期新发展格局的背景下，针对城市群经济协调发展这一重大现实问题，本书运用产业集聚相关理论、空间经济学理论、城市群与产业体系相关理论，构建了“现代产业体系—产业共聚—城市群经济协调发展”的分析框架，在此基础上，对产业共聚的形成机制与经济效益进行理论分析，并以珠三角城市群为例展开实证研究。首先，从工业主导产业以及多元化产业发展趋势两个角度分析珠三角城市群空间内的产业共聚水平，即专业化产业共聚和多样化产业共聚的水平测度；其次，在明确多样化产业共聚成为近年来珠三角城市群产业共聚主要模式的前提下，分析该产业共聚模式对经济增长的影响，以及全要素生产率的作用关系；最后，从现代产业体系、空间与制度三者的关联机制出发，提出产业共聚与区域经济协调发展的政策建议。基于以上研究思路，构建了“现代产业体系—产业共聚—城市群经济协调发展”的研究框架与理论分析路线，具体为：

第一，城市群视角下产业共聚研究。首先，对产业共聚、城市群以及现代产业体系的概念加以辨析；其次，从产业体系与空间体系两方面，对产业集聚理论、空间经济学理论、城市群和产业体系理论展开讨论，为城市群产业共聚与经济增长的深入研究提供理论支撑；再次，主要阐述城市群产业空间经济增长的背景与意义。在总结评析国内外关于产业共聚的现象、形成、影响，以及城市群产业空间发展文献的基础上，提出本书的研究思路、内容、方法与创新。

第二，城市群产业共聚与经济增长的机理分析。首先，分析了产业共聚及其本质属性，包括产业技术属性和产业空间属性，以及二者相互交融的内在属性；其次，从产业技术因素和产业空间因素两方面对产业共聚的形成机理展开分析；最后，从外部性、集聚效应、拥挤效应和协同发展效应四个方面对产业共聚与经济增长的作用机理加以探讨，并建立了“现代产业体系—产业共聚—城市群经济协调发展”的理论分析框架。

第三，珠三角产业空间演进与共聚水平测度分析。以珠三角城市群为例，首先开展专业化产业共聚的研究，利用企业微观地理信息结合机器学习最优传输距离算法，构建了专业化产业共聚指数，探讨工业产业空间截面的地理布局，直观地展现了珠三角城市群工业产业时期的空间格局与分布特征；其次，针对珠三角城市群产业从单一到多样化的阶段性发展现状，构建多样化产业共聚指标，开展产业共聚的历程性分析，通过对制造业与生产性服务业共聚指数的测度，观测该地区的多样化产业空间性状。此外，还对多样化产业共聚展开了影响因素研究。

第四，产业共聚对全要素生产率的影响分析。对珠三角城市群内各城市以及整个区域中全要素生产率的增长及特征进行测算，建立多样化产业共聚（以下简称“产业共聚”）与全要素生产率作用关系的空间计量模型。通过检验产业共聚影响全要素生产率的方式和空间溢出效应，探索产业共聚对全要素生产率的作用机制。

第五，产业共聚对经济增长的影响分析。主要考察多样化产业共聚的空间经济特征，对珠三角城市群产业共聚的空间异质性、空间相关性和约束机制进行实证检验，深入探究制造业与生产性服务业共聚对经济增长的影响效应，明确产业共聚对经济增长的空间作用机制。

第六，城市群产业体系与共聚发展策略分析。从现代产业体系建立过程中产业共聚的作用，对促进区域经济协调发展的贡献，以及城市群“中心-外围”产业发展等方面，探索产业、空间与制度三者联动的政策导向与发展路径建议。

1.2.3 研究难点与关键问题

本书的第一个研究难点在于如何将产业共聚概念进行明晰与分类，对于产业共聚的辨析有助于更好地实现产业共聚的测算；第二个研究难点是关于产业共聚大多集中于单一区域的研究，且从产业角度分析较多，如何将产业技术属性与空间连续性相结合去解释产业共聚的形成机理成为本书需要解决的问题之一；第三个研究难点在于，通过大量文献的阅读以及参考以往研究的结果发现，产业共聚对于经济的增长并不总是积极的、正向的，产业共聚能否通过提升经济效率作用于经济的增长是本书要考量的另一个问题；第四个研究难点是，在以往研究中大多从线性的角度探究产业共聚对于经济的增长作用，然而产业共聚的形成本身就是一个动态的复杂的过程，是产业技术关联性与空间连续性共同作用的结果，仅仅从单调线性的关系去探讨其对经济增长的影响有失全面性，从非线性角度研究产业共聚对于经济增长的作用力将是一个有益的补充。因此，本书具体列出以下几个需解决的关键问题：

（1）产业共聚的测算。目前，产业共聚的测算方法分为两种类型，其一是基于离散空间单元的测算方法，主要包括 EG 指数、C(r) 指数、XCL 指数等，这类指标主要存在不能克服 MAUP 问题（可调整的地区单元问题），由于该问题的存在，不能更好地处理在产业共聚测算与研究方面的空间连续性问题。其二是基于连续空间单元的测算方法，主要包括 DO 指数、MP 以及 LMP 测算方法、DCL 指数等，该类指标相比于离散空间单元的测算方法，能够克服 MAUP 问题（能够在任意的地理空间范围内衡量产业共聚水平），但是该类指标存在数据获取难度性较大和计算过程较为复杂的问题，且该类指标可能存在置信区间背离统计意义问题。因此，本书围绕产业共聚测度方法的核心问题，在把握产业共聚测度的经济学意义和理论价值基础上，将跨学科知识融入到其中，结合经济学与计算机科学方法，构建专业化产业共聚和多样化产业共聚指标，运用离散和连续空间单元两种测量方法，研究跨产业跨区域空间的产业共聚现实问题。

（2）产业共聚的影响因素与溢出效应。以往学者对产业共聚的影响因素展开了广泛的讨论，大多从指标演化、理论演绎和截面数据层面展开，少见从空间相关和跨时空演进角度进行实证检验。本书从构建多样化产业共聚指数入手，结合时间与空间维度的经验思考，进一步检验其空间相关性，对产业共聚变化的影响因素、空间溢出效应，以及跨地区要素的影响问题，从理论到实证、从静态空间到动态空间，多视角、全方面地展开探索。

（3）产业共聚与经济效益互动关系。产业共聚能否推动经济增长、提升经济效率、协调区域产业结构和促进区域间平衡发展等问题，是学界相关讨论的重点。本书基于区域经济协调发展的现实问题，结合产业共聚这一经济活动的空间呈现，从空间连续性角度出发，探讨产业共聚的空间溢出效应，以及产业共聚作用于城市群经济增长的约束机制。在探讨产业共聚影响经济效率的相关问题时，关注如何衡量城市群经济效率的发展情况，以及如何将产业共聚与经济效率指标相结合方面的问题。本书认为，产业共聚存在集聚效应与拥挤效应双重互动因素，因此从空间连续性视角出发，深入探索产业共聚对经济增长与效率影响的空间效应以及内在机制问题。此外，对于产业共聚能否推动经济增长的研究中加入了非线性门槛效应的研究，使这一问题的研究更具有全面性。

（4）产业共聚与现代产业体系的互动关系。城市群产业共聚与产业融合发展互为因果，是推动不同产业在不同区域内沟通的桥梁，是跨产业与跨区域连接的枢纽，同时也是产业链横纵向延伸的驱动力。本书参考以往学者的研究认为，产业共聚能够推动产业空间共同发展，并与现代产业体系相互促进。在探索产业共聚与现代产业体系的互动关系问题时，从产业共聚形成机理和现代产业体系相关理论中寻找依据，阐述二者间的互动关系。

1.3 城市群产业共聚研究的关键问题拓展

1.3.1 城市群产业共聚的重要性分析

以城市群为载体的现代产业体系的建设已初具规模，能否把握好产业共聚的发展脉络，综合其集聚效应与扩散效应的双重影响，进一步调整与完善现代产业体系发展的质量和科学的空间布局，让区域经济向协调发展方向迈进，最终作用于我国经济的发展，成为学术界关注的核心问题。自改革开放以来，珠三角城市群一直以“世界工厂”著称，其工业产业发展迅速，成为我国最初的发达制造业基地之一，工业的高速发展形成了工业产业的高度共聚，并带来了配套生产性服务业的崛起。近年来，全球经济飞速发展，国内外经济环境正面临着严峻的挑战，不断逼迫珠三角城市群内产业结构的升级与调整来适应当下的经济发展速率。研究表明，多元化经济以及多样化产业的发展对区域空间的经济效益以及产业的规划有着正向的引导作用，结合产业革命的全球大背景，以及我国区域一体化的发展战略，珠三角城市群已从依靠单一产业推动经济发展的单调格局，逐渐转变为多样化产业协同发展的新产业空间格局，多样化产业共聚正不断引导着区域内和跨区域产业体系的完善与建立。党的十九届五中全会强调“十四五”时期要加快发展现代产业体系的建设，构建现代产业体系以推动经济的高质量发展和经济体系的优化升级，可见，以城市群为空间载体的现代产业体系发展已经与国民经济深化改革深度融合。除政策需求以外，产业共聚的外部性将进一步推动现代产业体系的建设，从技术溢出效应的外部性来讲，产业共聚的形成与产业的发展紧密相连，而产业的发展与其技术进步有着直接关联，技术的差异化决定了产业的差异化，基于同类技术的细分差异化塑造了产业的深度专业化分工模式。

从产业共聚扩散效应来讲，产业的扩散作用于中心城市，使其不断淘汰与经济环境不相符的传统产业，推动了产业格局的高级化蜕变；当扩散效应作用于周边城市时，则是将部分产业转移至周边城市中发展，使其形成了新的产业格局。扩散效应也将作用于产业链中，不同城市形成的差异化产业链将共同构成区域产业链，跨区域产业链的整合是城市群现代产业体系中产业空间体系构建的基石。因此，针对珠三角城市群专业化与多样化产业共聚的研究，能否成为现代产业体系建设路径的进一步探索？对这一核心问题展开理论与实证的分析，例如产业共聚的测度及其测度方法的科学合理性、产业共聚对于区域经济增长的空间效应分析、产业共聚推动现代产业体系建设的作用机理等，这些问题的展开是对现代产业体系建设的理论创新和实践应用的体现，为产业共聚作用于现代产业体系建设的研究开拓了新的领域。

当前我国区域发展仍不协调，产业间发展不平衡，各区域内产业的规模、类型与结构各不相同，产业关联度也存在差异，达成中长期战略目标存在诸多障碍，哪些类型的产业共同集聚可以促进区域经济的高质量发展？多种类型的产业共同集聚对城市群经济的影响有哪些？产业的共同集聚能否提升城市群的可持续发展价值？这些问题的研究不仅具有理论价值，更具有现实的指导意义。

纵观产业集聚、产业协同集聚和产业共聚的相关研究，众多学者针对其研究的不同方向取得了丰厚的成果，但在已有研究的领域中仍存在继续深化的可能。

首先，产业集聚、产业协同集聚和产业共聚三个概念既存在关联性又具有差异性，应针对三个概念加以深入辨析。产业共聚既存在“相关产业共聚”和“无关产业共聚”，又存在“专业化”与“多样化”的区分，这代表了其测算方法具有多样性与差异性的特点，现有的产业共聚测度方法大体分为“离散空间单元”和“连续空间单元”两大类，这两类方法既有优势又有局限性，需要结合产业发展的趋势、经济的发展阶段以及区域空间的特殊属性加以有效运用，如何科学地、合理地测度产业共聚是本书探讨的重点问题之一。

其次，产业共聚是城市群经济活动在空间的重要表现形式，其在区域空间中的形成与发展均要受到多种因素的影响，针对产业共聚的影响因素，众多学者展开了广泛的讨论，大多从指标体系演化、理论机制分析和截面数据层面展开，忽略了区域空间中产业共聚具有产业与空间双向互动关系的验证，对于产业共聚的影响因素研究应深入到其内在形成机理，把握其从静态空间到动态空间的发展机制，结合其产业与空间联动性的双重维度的探讨，进一步探究产业共聚的空间效应和内在影响因素。

再次，产业共聚并不总是对经济的增长有正向推动作用，虽然产业共聚的水平能够对区域经济的增长起到一定的推动作用，但并不是区域经济增长的决定性因素，而区域空间产业间的互动与竞争才是区域经济高质量发展的推进因素。因此，在产业共聚能否提升城市群经济效益的研究中，应结合全要素生产率的作用，进行全方位、多角度、多层次的探索。

最后，当前对于产业共聚的探讨仍限于微观现象和一城一地的具体指向，存在理论推广价值低和不同差异地区实践应用指导性差等问题，现代产业体系理论为解决这些问题提供了新的思路。

现代产业体系是产业技术体系与产业空间体系构成的辩证统一的有机整体，在现代产业体系框架下研究产业共聚，将成为拓展该领域研究的新方向，这也是本书的边际贡献之一。产业空间体系为产业共聚提供了空间载体支撑，而现代产业体系则为产业共聚提供了整合的方向。可见，产业共聚从形成到发展都与现代产业紧密相连、环环相扣。因此，在相关理论中探寻依据，拓展二者的研究，可以为促进区域经济增长的理论和实践提供新思路和新方法。

1.3.2 产业共聚研究的核心问题辨析

1.3.2.1 产业共聚概念与形成机制的拓展

产业共聚是城市群经济活动在空间的重要表现形式，产业共聚与区域经济协调发展的研究也一直是近年来的热点问题。在产业共聚现象的研究中，相关学者的研究已经取得了重要的成果，但是在产业集聚、产业共聚以及产业协同集聚三者的区分上仍存在模糊的地方，概念内涵尚不明晰。事实上，产业共聚在概念本质上与产业集聚、产业协同集聚既存在区别又不排除一定的相似性。本书认为，产业集聚强调单一同类产业的集聚，并不能够概括单一产业中细分行业的集聚，即上下游关联产业的集聚。在某一区域中单一同类产业的集聚可以称为专业化产业集聚，也叫做地方化经济，是产业内不同生产环节或在同一产业链中上下游产业的集聚，因此以专业化产业共聚加以概括更为贴切。多样化产业集聚可归结为城市化经济现象，也并未完全阐释具有垂直与水平关联的产业在空间中共同集聚的现象，因此以多样化产业共聚定义更为贴切。产业共聚与产业协同集聚都能够表达不同产业在区域空间中的集聚，但产业协同集聚的政治经济学色彩更浓厚，而产业共聚能够更明确地强调有关联性的产业在空间内的经济活动。基于上述认识，本书将城市群产业共聚界定为基于产业互动、空间互动以及产业空间相互作用的产业有机统一整体（产业体系）的形成过程。城市群产业共聚是跨区域与跨产业研究的进一步拓展，同时也是城市群产业体系规划的重要依据。

关于产业共聚的形成机制，往往围绕产业与空间双重维度进行探讨。无论是垂直还是水平关联的产业，在某一特定区域空间上的共聚，都具有双向互动的关联性。然而，以往研究多从产业属性角度分析，往往忽略产业与空间双向互动这一关键因素，也无法系统地阐明其内在的形成机制。为此，本书从空间经济学角度出发，结合产业体系的相关理论基础，深入分析产业结构与空间结构在城市群经济效益中的作用。

1.3.2.2 产业共聚与区域经济增长和效率关系的拓展

已有研究表明，产业共聚与空间联动性高度相关，共同影响着区域产业体系构成和经济的发展。第一，产业共聚以空间为载体，其发展影响着区域空间的结构变动；第二，影响产业共聚的区位因素包括贸易与运输成本、劳动力供给、规模经济和外部性效应等，这些要素与空间息息相关，要素成本的降低和溢出效应缩短了空间距离、增强了要素的流动力，从而进一步促进了产业的共聚。产业的发展与空间联动性将决定区域产业共聚的发展程度，进而影响经济增长。产业共聚与区域经济增长关系的研究不仅关乎现代产业体系的构建，也关乎区域竞争力的提升和区域经济的协调发展。从新经济地理和内生性增长研究理论来看，产业共聚与区域经济增长研究主要包括三个方面。第一，从空间溢出角度分析，产业共聚可通过空间溢出效应对经济增长有明显的拉动作用（陈建军等，2011；Todd等，2016；原毅军等，2020；陈默等，2020）[1][2][3][5]；第二，从产业间联动关系的角度，以产业的前后向联系为主，通过运输成本、创新成本的降低以实现区域经济增长（吕政等，2006；高觉民等，2011；陈建军等，2011；赵放，2012；赵伟等，2013；李松庆等，2017）[4~9]；第三，从要素流动角度，探讨产业共聚带动的各要素流动所产生的区域经济增长效应（尹希果等，2013；胡尊国等，2015；倪进峰等，2017；崔书会等，2019）[10~13]。

产业集聚与区域经济效率的关联在学术界已得到了广泛的认可与研究。新增长理论认为，正外部性效应是产业集聚提升技术进步和生产效率的主要动力源泉，马歇尔外部性的三大因素论也同样可以解释产业集聚对生产效率的积极影响。然而，威廉姆森假说（Williamson，1965）认为，产业集聚并不总能够为区域经济效率带来正向影响。当产业在区域空间呈现集聚状态的初期时，区域空间内的市场机制与基础设施并不完善，此时的产业集聚能够提升效率水平；当区域空间内产业进一步集聚时，产生的拥挤效应将影响区域经济的发展，此时产业呈

---

[1] TODD M G，JAISON R A. Shared knowledge and the coagglomeration of occupations［J］. Regional Studies，2016，50（8）：1360-1373.

[2] 原毅军，高康．产业协同集聚、空间知识溢出与区域创新效率［J］．科学学研究，2020，38（11）：1966-1975，2007.

[3] 陈默，胡绪华．产业空间协同、溢出效应与区域经济提振——基于中国实体制造与金融服务业的经验证据［J］．区域金融研究，2020，10：5-13.

[4] 吕政，刘勇，王钦．中国生产性服务业发展的战略选择——基于产业互动的研究视角［J］．中国工业经济，2006，8：5-12.

[5] 陈建军，陈菁菁．生产性服务业与制造业的协同定位研究——以浙江省69个城市和地区为例［J］．中国工业经济，2011，6：141-150.

[6] 赵放．制造业与物流业的空间协同集聚及其增长效应研究［D］．天津：南开大学，2012.

[7] 高觉民，李晓慧．生产性服务业与制造业的互动机理：理论与实证［J］．中国工业经济，2011，6：151-160.

[8] 赵伟，王春晖．区域开放与产业集聚：一个基于交易费用视角的模型［J］．国际贸易问题，2013，7：38-49.

[9] 李松庆，吴童．物流业与制造业的空间协同定位关系——基于广东省21个城市实证分析［J］．物流科技，2017，40（1）：15-19.

[10] 尹希果，刘培森．中国制造业集聚影响因素研究——兼论城镇规模、交通运输与制造业集聚的非线性关系［J］．经济地理，2013，33（12）：7.

[11] 倪进峰，李华．产业集聚、人力资本与区域创新——基于异质产业集聚与协同集聚视角的实证研究［J］．经济问题探索，2017，12：156-162.

[12] 胡尊国，王耀中，尹国君．劳动力流动、协同集聚与城市结构匹配［J］．财经研究，2015，41（12）：26-39.

[13] 崔书会，李光勤，豆建民．产业协同集聚的资源错配效应研究［J］．统计研究，2019，36（2）：76-87.

现空间扩散趋势，对于生产效率的提升存在一定程度的抑制作用。范剑勇（2006）认为，除农业产业以外，在区域中产业集聚的主要动力来自于产业规模报酬的递增，能够提升区域内劳动生产率，还可以进一步地缩小区域间的发展差距❶。陈柳（2010）在对我国制造业集聚与全要素生产率的关系研究中发现，制造业集聚能够明显地提升全要素生产率的增长，但改善的作用主要源于技术效率❷。

事实上，产业共聚能否促进经济效率的研究在学界尚未达成一致。有研究证明，长三角和珠三角城市群内工业与服务业的共聚与区位熵水平并不突出，但其经济的增长极其迅速。这一现象说明，第二、三产业共聚是产业体系形成过程中的正常现象，也就是说，区域经济增长的迟速并不是由产业共聚水平和区位熵的高低决定的，整个产业体系的综合实力应是更加重要的因素。为此，本书认为，产业共聚对经济增长的影响研究有必要从其对全要素生产率的作用角度再加印证。

综上所述，城市群产业空间发展、产业共聚以及产业体系建立的研究尚处于起步阶段，以往关于这些问题的讨论多从专业化产业分工、产业集聚水平和多元化经济水平的角度分析，缺乏系统性的动态空间研究，以及从微观企业到宏观产业结构的审视。为此，本书在以城市群为空间载体研究产业共聚时，不仅将微观层面上企业的集聚纳入研究之中，也对宏观层面的产业结构分析步步深入，尤其增加了跨区域和跨产业维度的研究。为了做到更细致的研究呈现，本书在测算产业共聚时同步考虑了微观与宏观两个视角，在微观层面观察到城市群产业共聚的截面状况后，再结合宏观层面的经济指标进行历程性研究，以期更全面地解析城市群产业共聚对区域经济增长和经济效率的影响。

---

❶ 范剑勇．产业集聚与地区间劳动生产率差异［J］．经济研究，2006（11）：72-81.

❷ 陈柳．中国制造业产业集聚与全要素生产率增长［J］．山西财经大学学报，2010，32（12）：60-66.

2 城市群产业共聚的机理分析

关于产业共聚作用于经济增长的已有研究体现出一个不争的事实，即产业共聚对经济增长有一定的影响，但这种影响不一定是正向的，在城市群这类更大的区域空间，空间异质性必然会影响到产业共聚与经济增长的相关关系。因此，产业共聚对经济增长的影响研究已经从单纯的现象描述发展为作用机理的解释。本章将进一步从产业共聚的本质属性出发，对其产业技术属性与空间属性展开探讨。在此基础上，阐释产业共聚的形成机理，探索产业技术与空间因素对城市群产业共聚的影响，并对城市群产业共聚与经济增长的作用机理做进一步的分析。同时，对产业共聚外部性产生的集聚效应和拥挤效应的分析，有助于解读产业共聚与现代产业体系的作用关系，以及二者共同对经济发展的作用机理。

2.1 产业共聚及其本质属性

在探讨产业共聚的形成机理之前，首先要对产业共聚的本质属性做明确剖析。即产业共聚属性的形成是受各产业技术要素与空间要素影响而产生的，是产业体系形成过程的技术与空间表现形式，是产业技术体系、产业空间体系有机结合的统一整体。

2.1.1 产业技术属性

产业共聚因集聚的产业内容不同，通常可以分为专业化产业共聚和多样化产业共聚。一般而言，专业化产业共聚是以单个产业为边界的共聚，如美国的硅谷以及上海的金融集聚区。专业化产业共聚离不开市场以及劳动力因素的作用，即越接近市场、劳动力越丰富且越专业化，越容易形成专业化产业共聚。同时，专业化产业共聚离不开专业化分工和产业的垂直关联属性，由此带来上下游产业对产业链的深度拓展，促进以专业化产业集聚为核心的产业技术体系的形成和升级，构成了多样化产业共聚。同时，产业的水平关联属性带来的知识溢出效应，能够使技术跨越空间与行业限制，促进多样化产业共聚的形成与发展。多样化产业共聚除了要考虑单个产业属性以及上述因素以外，主要依存于产业的技术关联。在此，产业技术的相关性是广义上的，是指产业之间因产业技术间的内在联系而存在的投入产出关系以及产业因生产过程使用技术而要求的相对应的资本、劳动力等要素与产业技术之间的必然联系，是因为资本和劳动力对于一个产业而言，都是产业技术的函数。从人类产业发展的客观历程来看，就工业部门内部的产业共聚而言，除产业集聚本身对规模经济、劳动力池、知识溢出等的需要外，其技术相关性如产业的上下游关系、横向协作关系等成为主要影响因素。就生产性服务业和制造业共聚而言，生产性服务业是服务于制造业的产业。当一个地区出现制造业集聚之时，生产性服务业、生活服务业也必然随之集聚。交通运输业为产品运输服务，金融保险业为企业提供资本保障，批发零售业为企业的产品实现服务，科技研发产业为企业技术进步服务，餐饮、教育、美容美发等生活服务业为企业集聚的劳动力服务，高等教育则进一步为企业科技研发提供人才。由此可见，因为这种产业技术的广义相关性的存在才使得产业共聚存在，并逐步形成了可以保障其正常运转的产业体系。

由于同类产业集聚源于其产业技术的系统属性要求及其同样的区位优势，而不同产业间技术既是相互区分的也是相互连接的，其产业共聚则是产业体系自身技术属性的客观要求。产业体系的形成是由产业技术作为其发展的根本动力，而产业的多样化将相互关联、相互作用的产业技术连接起来。

2.1.2 产业空间属性

如前所述，产业空间体系与产业技术体系同为产业体系的两个层面之一，也是产业集聚的空间载体。产业技术属性对于产业共聚具有决定性的作用，产业技术不仅决定了产业的共聚，还决定了产业集聚的空间载体，而产业集聚、产业共聚都是在技术约束下对区域空间资源的竞争与协调利用过程。在专业化产业共聚过程中，集聚产业之间对于区域空间内的要素具有抢夺效应。当出现规模不经济、违背利益最大化原则时，挤出效应会使产业向周边城市转移。这一方面促进了本地专业产业化共聚的升级；另一方面为承接地带来新的产业的发展并形成城市群空间维度上的产业共聚。同样，在多样化产业共聚中，多样化产业的共聚对于区域内的要素资源竞争更大，空间中多样化产业共聚既有互补效应又存在挤出效应，协调好多样化产业间要素的匹配问题，将直接影响多样化产业共聚的形成。

空间属性包含静态空间属性与连续空间属性。前者通常将产业共聚放入到一个区域中研究，但并未考虑空间中相邻区域不同空间属性的影响，因而这种考量是不够科学的。第一，静态空间属性通常有两个分类，其一是均值空间属性，即在研究时将假设条件设为所有空间都是同质的、无差别的，这种假设直接造成产生的产业共聚效应毫无区别，一般在新古典经济学中较为常见；其二是空间异质属性，空间异质性是指区域作为人类经济社会活动的空间载体具有不同的要素资源、市场规模、技术以及人力资本要素等差异，这些差异是客观存在的。空间异质性也是空间经济学的重要理论前提，只有考虑空间异质性的产业共聚研究才能够把握不同区域该发展何种产业、吸引哪些产业共聚的问题。第二，在动态空间属性中，考虑的是空间连续属性。诸多学者对于产业集聚或共聚的研究往往放在某个行政地理单元中，仅仅考量了产业集聚或共聚在单一区域中的发展（Duranton，Overman，2005）。以产业集聚测度指标角度分析，Krugman（1991）和 Feldman 等（1996）以空间基尼系数作为衡量产业集聚的指标，该指标具有操作简单、数据极易获得的优势，却忽略了企业规模因素。因此，学者们在此后的研究中更倾向于使用 EG 指数。EG 指数属于离散空间单元的产业共聚测度方法的一种，能够很好地衡量以行政区划为空间测量范围的产业集聚问题，但其结果受到地理范围大小的影响。因此，大多数学者在研究时采用传统计量方法，忽略了空间依赖性的影响。然而，现实中，产业共聚的空间属性是连续的、关联的，跨区域产业的共聚形态是普遍存在的，因此，对于产业共聚的研究应将空间连续属性考虑在其中。

空间连续属性实际上是突破了静态空间属性的区域范围，将产业共聚从单一区域拓展至更大的区域空间范围内，将多个地理单元结合成为新的空间单元，如我国京津冀、长三角和珠三角三大城市群、成渝城市群以及粤港澳大湾区等。从测度方法上看，产业共聚的测度方法分为两大类，即基于离散空间单元和连续空间单元的两种产业共聚测度方法。离散空间产业共聚的测度在测算中极有可能超出测算的空间范围，使其测算结果有偏误，而连续空间单元的测量方法则克服了“可调整地区单元问题”（Modifiable Area Unit Problem，MAUP）问题。MAUP 问题是 Openshaw（1984）提出的，他指出“在地理研究中的地理面积单元与区域划分是可调节和修改的，并取决于人们主观臆断的聚合。”由于 MAUP 问题的存在，区域空间中的分析与研究不是独立的分区单元，应将多尺度空间区划方法纳入到研究中（李海萍，2009）[1]。因此，基于连续空间的测度方法具有不受地理空间范围限制的特点，能够更好地结合空间的连续性与互动性特征。以上两种方法在产业共聚的研究中均有运用，但在测算方法的选取上要考虑研究的范畴、数据的可获得性以及产业的种类。

从上述分析中可以看出，离散单元的测量方法计算简便且数据易于查找，但不能克服 MAUP 问题；连续空间的方法虽然克服了 MAUP 问题，却需要庞大的微观地理信息数据，难以推广。从理论研究上看，空间连续属性弥补了空间互动视角下的研究，将相邻地区的产业共聚的研究考虑在其中。从方法论上看，传统计量方法不足以分析相邻地区的产业共聚对本地的影响，或更大区域范围内产业共聚的形成机制，因此采用空间计量方法将更加完善。

[1] 李海萍．空间统计分析中的 MAUP 及其影响［J］．统计与决策，2009（22）：15-17.

2.1.3 产业技术与空间融合的内在属性

产业共聚的产业技术属性与空间属性并不是两个孤立的问题，二者是紧密结合的，且存在交互影响。大量已有研究表明，产业结构的调整升级能够影响区域空间内各要素以及环境的变化，而区域空间的要素流动和规模变化等也会对产业结构产生一定的影响，二者互为因果（沈玉芳，2008；王立平等，2010；孙久文等，2014；顾剑华等，2021）。如前所述，产业的空间属性在本质上是由产业技术决定的。从具体的产业共聚来看，无论是专业化产业共聚还是多样化产业共聚都具有单一产业集聚的产业技术属性。从产业技术属性角度来讲，专业化产业共聚是专业化分工的空间表现形式，具有投入-产出关联的产业相互连接，细化并拓展了产业链的发展；多样化产业共聚依托上下游产业链的关系，在空间中是协同定位的，是一种从产业属性拓展到空间属性的传导机制。从产业空间属性角度来讲，产业共聚本质上来源于空间异质性，虽然这并不排除空间具有相似性的问题，但产业的集聚可通过产业的动态属性转移到新的集聚区发展。空间异质性的存在使产业共聚的形成具有差异性，而产业共聚又可作为地区经济发展的“黏合剂”，促进更大区域空间内产业与经济的协调发展。

产业共聚的研究也是静态空间向连续空间属性的转变问题研究。对于产业共聚的研究不能只谋一域而忽视邻近地区的影响，这是静态空间向连续空间属性研究发展的原因所在。在区域空间内，例如城市群，城市间的空间距离较近，且相互连接，在产业和空间上存在多种互动的可能。其一，产业结构具有相似性，相邻地区间存在模仿学习效应，极有可能形成产业的同构，使具有相似性或相同的产业在空间中的集聚成为可能；其二，空间中要素禀赋相似，包括自然资源、基础设施和制度因素等方面，相邻区域的要素禀赋差异不大、联动性较高，从而更容易成为产业共聚的空间载体。然而，城市群内的区域空间具有一定的相似性，但并不代表各区域是均质的。正是由于空间异质性的存在，使每个区域具有自身产业发展的特色以及层次性，即区域不可完全复制性，区域不可复制性的存在使产业共聚的研究更加倾向于空间连续性的讨论。基于空间连续属性，城市群内产业共聚具有交易成本下降的特性，从新经济地理理论来看，交易成本可随着地理距离的缩短而下降，而多样化的产业对于交易成本的需求不同，也就形成了城市群中不同城市具有不同的产业和产业链的情况；城市中的产业不同则产业共聚形式不同，空间连续性则将不同城市中多样化的产业共聚联系起来构成了一个有机整体。

产业共聚具有的产业技术属性和空间属性，共同构成了产业共聚的形成机理。因此，产业共聚的形成机理应从产业因素和空间因素两方面展开分析，唯有把握产业与空间的双重属性，才能够深入地探究产业共聚的内外在机制。

2.2　产业共聚的影响要素

产业的空间集聚是经济活动的主要特征之一，而产业的集聚又能够充分反映经济活动的空间动态。其中，产业技术自身的直接作用、对相关产业的关联作用将促进产业集聚和共聚的形成；同时，产业的共聚离不开空间载体，空间的要素禀赋与要素互动关系将与产业技术一起共同左右产业共聚的形成。此外，制度因素对于产业共聚的形成也会产生差异化的影响。本节从产业、空间因素分析产业共聚的形成机理，探究产业与空间属性对产业集聚到产业共聚的形成机制。

2.2.1　产业技术因素分析

2.2.1.1　产业技术的直接作用

产业技术的诞生是产业形成与发展再到集聚的源动力。产业技术具有差异性特征，不同产业技术将对自然资源采集、收集、加工处理、消费和再加工的循环过程产生不同影响，以此形成了种类各不相同的产业，而产业技术更新的快慢也将决定产业的生命周期。具体而言，产业技术在主导产业中代表了现代科学技术产业化的新水平，在支柱产业中产业技术的革新可能造成原始产业的没落，而在衰退产业中更是起着决定产业未来发展的关键作用，能够通过技术改造来提升对于该产业的需求，使产业“焕发新活力”[1]。产业技术的进步还能够促进产业的进一步深化分工，同时新技术将催生出新产业，产业技术的关联性使产业间的联系更为紧密，多样化的产业还可以通过技术的外溢效应获得市场并扩大生产规模。因此，技术的进步与创新对于产业的形成、发展乃至产业共聚都是十分重要的。

从微观角度出发，技术产生于企业。当一个产业进行区位选择时，通常选择其生产技术要求的资源成本较为低廉的地区。当其他区域的成本更加低廉时，产业更倾向于转移至该地区发展。当产业通过区位选择形成集聚产生规模经济时，企业的技术创新成本往往会因外部性的影响不断下降，企业为自身发展借此不断对技术进行革新，以确保其始终在市场中占有一席之地。从宏观角度出发，在一个特定区域内，区域空间内有利的外部因素为技术创新提供条件，而技术的创新与进步能够促进知识溢出效应的产生。要素资源的流动能够为企业提供更大的市场空间和充分的供给与需求，这些外部条件加速了技术的进步与成果的转化，使得技术与知识能够得到最大限度的传播。通过知识溢出效应可以吸引同类型产业的集聚，即专业化产业共聚。同样地，在技术的催生下，吸引着不同类型的产业

[1] 苏东水．产业经济学［M］．2 版．北京：高等教育出版社，2005.

在区域中集聚，即多样化产业共聚。在现实中，没有一个区域是完全专业化的共聚，也没有一个区域是完全多样化的共聚（拥有全部产业部门），更多的是专业化共聚与多样化共聚并存。

由于产业技术关联的存在，使得知识溢出效应促进了产业在区域内的共聚发展，然而区域并非孤立存在的。产业共聚具有从中心城市向周边城市扩展的基本趋势，这使得一个区域的产业体系往往以城市群产业共聚的方式展现。在城市群中，城市之间存在复杂的内在联系，技术关联性并不仅仅存在于本地产业共聚，在不同城市中同样存在因生产技术相似或互补而产生的知识溢出效应，并促进城市群等更大区域的产业共聚。

总体上看，城市群内跨区域产业技术促进产业共聚的原因有四点：

（1）各区域产业继续细分。考虑到生产成本、市场规模等因素，企业生产规模的扩大使生产过程不断分离出多个细分行业与生产阶段，进一步使技术关联性较强的细分行业和生产阶段合理地布局在具有生产优势的区域，这种生产过程的细分化过程，使得产业分工更为明确，并深化了产业的跨区域联系（Taylor等，2015），产业细分使跨区域产业技术联系更为紧密，最终形成了区域间专业化产业共聚。

（2）城市群内产业空间的推拉作用。城市群内各区域间具有先天的距离优势，从演化经济地理学中的技术关联性可知，城市群内多样化产业共聚的形成在微观层面上，是基于城市群空间内距离较近的企业产生的推拉作用，在生产和贸易中能节约信息与交易成本，促进了知识的溢出以及跨区域的技术创新，还能够减少运输成本，以及共享城市群内基础设施、服务和劳动力市场等要素，进一步促进多样化产业的共聚（伍笛笛，2020）❶。

（3）城市群内产业空间距离成本以及制度壁垒相对较低，提高了知识溢出的效率。城市群内各级政府对基础设施建设加以投资与改善，并积极鼓励跨区域合作交流等政策措施的实施，都将促进城市群内跨区域劳动力在技术上的交流，从而提升了区域间的知识溢出效应，实现了跨区域的产业共聚。

（4）城市群内产业体系的形成催生了产业多样化的发展空间。以城市群为空间依托的产业体系是各城市间相互作用形成的产业空间体系，其中产业技术是联系产业空间体系的重要纽带。特别是在当前的现代产业体系形成过程中，新技术的投入，一方面通过城市群内的先天优势实现跨区域的知识传播与学习效应，并据此改变了传统产业的生产方式，使传统产业升级转型，诞生了新兴产业；另一方面得益于城市群内各区域分工明确、共享要素资源、科研合作频繁、人才交

❶ 伍笛笛．中国城市群多样化集聚对经济增长影响的实证研究——基于面板数据门槛回归的方法[J]．经济问题探索，2020，9：90-99.

流便捷等因素的影响，加快了产业技术体系知识溢出的速率以及规模化发展。现代信息技术融合于制造业与服务业，进一步促进了现代化、多元化产业的发展，使产业界限更为模糊，产业链条更为宽广，产业多样化共聚得以在城市群内产生并协调发展。

2.2.1.2　产业技术的关联作用

无论是专业化产业共聚还是多样化产业共聚，其中都存在着产业关联性的作用。产业关联在微观企业中的表现是产业链中相同或不同生产环节相互协作的内在关系，是产业中以投入要素与产出要素为纽带的技术经济联系。产业关联可分为垂直关联和水平关联。垂直关联是指在产业链中具有上下游关系的产业或企业之间的联系，是有形的物质联系，也是投入与产出之间的联系，亦可称为前向与后向联系；水平关联是指与产业链关系较为密切的产业或企业之间的联系，通常是无形的，例如知识与技术的学习、人才管理和经营的经验等，与知识溢出相对应。产业通过垂直关联和水平关联的经济联系在空间中集聚、协作与互动，区域间的产业关联加深了城市群中区域间的经济联系，推动城市群的协调发展，而城市群的发展又进一步深化了产业链中产业的垂直与水平关联性。

产业的垂直关联是围绕要素的投入—产出关系展开的地区专业化分工。在微观层面上，具有投入—产出关系的企业通常为了节约相关成本或更靠近市场而选择在区域空间中集聚。在中观经济层面上，产业链的形成首先来源于生产过程的纵向分工，产业的前后向联系形成专业化共聚，完成“企业链—供需链—空间链”的对接，产业链的形成体现了产业价值的分割（吴金明等，2006）❶。在宏观层面上，产业链不仅联系着企业链，还与供需链和空间链有着紧密的联系。产业链能够将所处不同区域的企业相互连接，又通过产业的前后向联系形成了供需链，最后促进了整个区域空间中经济活动的联动，形成空间链。产业的垂直关联推动了区域空间的互动关系发展，是产业集聚的经济外部性的重要来源和形成动力。同时，产业集聚的形成所产生的规模效应能够进一步强化产业的前后向联系，形成循环因果累积效应，进一步扩大集聚优势。这种循环因果累积效应体现在城市群产业共聚中，就是不同城市间产业的垂直关联与互动。

此外，产业的垂直关联在城市群中的动态表现形式还可以是产业的转移。城市群中发展较好的地区往往产业链完整，且具有较高的生产水平。由于产业共聚往往会使得所在区域经济规模不断扩大、劳动力大量集聚，使得该地区发达水平不断提高，生活成本提高，土地、劳动力成本都不可避免地持续上升，使得规模

---

❶ 吴金明，邵昶．产业链形成机制研究——“4+4+4”模型［J］．中国工业经济，2006（4）：36-43.

不经济逐步出现。这种过度集聚必然带来集聚不经济，生产成本不断攀升、地租不断上涨、环境污染不断加重等。这些不良因素会使企业或产业的经济效应在竞争中不断被排挤，此时要么选择提升技术水平，要么选择向城市群中其他城市转移。产业的不断转移与演化形成了梯度转移，梯度转移使承接地形成了新的产业集聚中心，进而在城市群空间中产生了产业垂直关联的循环累积效应，推动了城市群内各城市间产业功能的空间集聚与扩散，使得各城市间经济活动联系更为紧密，而新的产业集聚带来的集聚经济效应将推动城市群经济不断发展（乔彬等，2006）[1]。

产业的水平关联是知识溢出的表现。知识溢出包括技术交流、知识学习、信息与资源共享等，同类企业或产业在生产中相互模仿学习等形成的水平关联有助于产业的专业化共聚；不同类的企业或产业，例如生产性服务业的技术与服务可以突破空间和行业限制，通过范围经济促进制造业的进一步发展，这种多样化产业的水平关联有助于产业的多样化共聚的形成。具体来说，产业的水平关联是连续且不断发展的过程。在产业集聚形成的初期，是产业同部门中的资源、信息、技术等的共享与交流，带动了同部门产业和企业在空间中的聚集与发展，产业技术的不断提升使相同产业内的各个部门得以加速发展，最终实现了专业化共聚。在产业的升级效应的不断扩散中，多样化产业拥有了更广阔的发展空间，且构成了一个更大的产业体系，进一步促进了产业的水平联动，这种水平联动将推动多样化产业共聚的形成。

2.2.2　产业空间因素分析

2.2.2.1　要素禀赋

产业区位决策是连续且复杂的过程，产业的集聚受到许多因素的制约和影响。同样地，产业共聚也将受区域内要素的差异性影响，空间内要素禀赋的差异性决定着不同产业在不同地区的发展，不同区域的地理区位、环境因素、生产要素、基础设施以及劳动力与人口等的差异，对产业共聚的影响也不同，而产业共聚又反作用于区域空间，进而使城市群内各城市的功能各不相同。

A　自然禀赋

区域空间内的自然禀赋包括区域的地理区位、自然环境（气候、水源、地貌等）、自然资源（生物、矿石、原油、煤炭等）等，三者共同影响了企业的区位选择，并影响着产业集聚、产业共聚。地理区位对于企业的选址十分重要。当企业选择在某地区发展时，其地理区位是否邻近港口与机场，或者与相关企业的距

---

[1] 乔彬，李国平．城市群形成的产业机理［J］．经济管理，2006（22）：78-83.

离远近，这些因素都将包括在企业的选址条件范围内。在区域中产业新区与原有区域之间往往存在密切的关系，例如城市群内的各城市往往语言、生活习惯等都有较大相似性，而地理距离越小越方便企业之间沟通，即距离衰减效应。

B　劳动力与人口

城市是产业集聚的空间载体，也是人口集聚的空间载体，人口集聚的规模决定着城市的发展水平，人口规模取决于城市内产业的发展水平，而人口在城市内的集聚效应，可以产生规模经济效应、知识溢出效应以及劳动力池效应，进而通过三种效应共同推动产业和城市的发展（陈建军等，2018）[1]，这些效应的产生也是产业共聚的形成基础。而人口密集程度、成熟的劳动力市场和高技术人才等因素是企业和产业区位决策的重要因素。

人口的大规模集聚可以催生出多样化产业共聚的发展，服务业得以兴起。多元化产业的发展将进一步促进生产力水平的提升，最终将反映到区域空间中，这不仅增强了区域空间的产业竞争力、区位优势等，还进一步推动了产业共聚的形成。因此，人口与劳动力的集聚是产业发展的基础，也是推动产业共聚的关键因素，还是区域经济效益提升的重要驱动力。

C　基础设施

基础设施是地区经济和社会发展的关键资源，良好的基础设施能够助力区域经济效率的提升，同时还决定着区域空间的产业布局（张廷银，2020）[2]。通常，基础设施有三种分类：（1）经济基础设施，包括交通、信息等方面的设施等；（2）社会基础设施，包括教育、医疗卫生、住房以及娱乐方面的设施等；（3）行政基础设施，包括行政管理、法律监管等方面的设施（魏后凯，2011）。良好的基础设施不仅是区域和国家经济发展的基础，还是吸引劳动力、人才、产业集聚的重要因素。

2.2.2.2　空间联动

所谓空间联动，是指由于不同产业间的比较优势差异带来的要素流动与产业转移而共同构成的产业空间格局。空间联动影响产业间的协调发展与产业共聚，并进一步影响空间协调发展问题。从空间联动的视角来看，城市群产业共聚的形成机理可以分为两个方面：城市内空间联动和城市间空间联动，也称为区域内空间联动和跨区域空间联动。

从区域内空间联动视角看，当城市规模较小时则有利于制造业的集聚；随着

---

[1] 陈建军，陈菁菁，陈怀锦．我国大都市群产业——城市协同治理研究［J］．浙江大学学报（人文社会科学版），2018，48（5）：166-176.

[2] 张廷银．产业集聚形成与发展的五大要素［J］．人民论坛，2020（10）：74-75.

城市经济的发展，城市的规模逐渐扩大，相关生产要素的成本呈上升趋势，其中生产要素成本价格上涨，但交易成本则呈现下降趋势，这有利于生产性服务业的集聚。从比较优势角度看，企业与产业的集聚遵循利润最大化原则，随着城市规模的扩大，空间集聚的拥挤成本必然使关联度较低的产业退出中心城市，并选择在中心城市周围继续发展（金晓雨，2015）❶。在某一时期，城市规模的大小将决定制造业和生产性服务业的不同发展程度，当城市规模较小、相关成本较低时，制造业成为城市内的主导产业。随着城市规模的扩大，两种成本之间存在一个均值的相对平衡，这种相对平衡能够促进多样化产业共聚的发展。当城市规模再扩大时，生产要素成本进一步上涨，产业间对生产要素的抢夺效应逐渐增强，但交易成本的下降使生产性服务业得以发展，此时生产性服务业占据主导地位。因此，随着城市规模的扩张，相关要素成本与产业共聚的形成是呈现非线性的关系，而相关要素成本的变化又决定了区域中产业的空间布局，较为发达的中心地区产业主导模式由制造业转向生产性服务业，而外围欠发达地区则集聚了大量的制造业（江静等，2006）❷。

从跨区域空间联动视角看，空间距离在跨区域的空间联动作用中十分重要。空间距离相隔越远，越不利于知识溢出效应的产生，也就是说，技术与知识的传播会随着距离的增加而减小，即知识溢出的距离衰减效应。同时，过大的空间距离会导致产业共聚中的产业几乎没有交集，产业的辐射强度小，造成了空间互动性的缺失；空间距离太小，产业的竞争加强，特别是对重叠性生产要素的竞争；同时，挤出效应也会减弱空间联动的作用。因此，只有把握好空间距离才能够增强空间联动性。

由于我国城市群中不同城市的不同功能以及产业异质性的存在，且不同城市的工业化阶段各不相同，使生产性服务业难以匹配各城市的发展水平，城市群中的中心城市往往呈现出生产性服务业集聚的现象，而周边城市生产性服务业集聚度较差，制造业却较为集聚。中心城市与周边城市能够产生互补效应。若单从某一城市区域中产业内部结构去看其合理性，产业结构可能是失衡的，其原因可能是因为城市规模和城市功能等因素的差异性所造成的；从城市群空间联动视角看，跨区域空间联动能够为各城市间带来产业的互补效应，弥补了单一城市内产业结构的失衡。因此，城市群产业共聚的形成与空间联动性是密不可分的。

---

❶ 金晓雨．城市规模、产业关联与共同集聚——基于制造业与生产性服务业产业关联和空间互动两个维度［J］．产经评论，2015，6（6）：35-46.

❷ 江静，刘志彪．商务成本：长三角产业分布新格局的决定因素考察［J］．上海经济研究，2006（11）：87-96.

2.3　产业共聚、产业体系与经济增长的作用机理

基于上述讨论，进一步探究城市群产业共聚、产业体系与经济增长的作用机理。以城市群这一空间范围探讨产业共聚、产业体系对经济增长的影响是我国当前经济发展的客观国情所需，而区域经济增长的研究对我国经济增长的影响有着重要的理论价值与现实意义。特别是，以城市群经济协调发展为出发点，探讨产业共聚的集聚与扩散效应对经济效率的提升问题，有助于我国区域经济发展这一核心议题的深入研究。

经济活动在区域空间中的集聚对于地区经济增长的作用力，是新经济地理学与新经济增长理论研究与关注的核心理论问题之一。新经济地理学理论认为，向心力与离心力是经济活动在空间集聚中的两种作用力。其中，向心力是指在区域空间中经济活动趋于集聚时所产生的中间投入品、劳动力市场、信息技术以及知识等要素的共享能够形成本地市场效应（Home Market Effect），从而促进了产业的集聚；离心力是指经济活动的过度集聚必然加剧了资源的抢夺、要素资源价格上涨、环境污染等负外部性效应，从而产生了拥挤效应（Crowding Effect），拥挤效应则会削减产业集聚的正外部性效应，使产业的发展呈现扩散趋势。向心力与离心力共同说明了产业共聚对于经济增长的作用力不仅能产生推动作用，即集聚效应（Agglomeration Effects）也能够产生阻碍经济增长与协调发展的抑制作用，即拥挤效应，经济的发展是在集聚效应与拥挤效应相互作用下的结果，两种效应在不同时段与不同经济阶段中的均衡状态是存在差异的。因此，产业共聚对于经济增长作用力的考量要取决于两种效应的强弱状态。

2.3.1　产业共聚的正外部性效应

2.3.1.1　MAR 外部性、Porter 外部性与 Jacbos 外部性

Glaeser 等（1991）概括了三种正外部性，第一种是马歇尔外部性（MAR 外部性），代表了要素、劳动力与市场的共享以及知识溢出效应所产生的外部性；第二种是波特外部性（Porter 外部性），代表了不完全竞争以及未实现均衡增长的外部性；第三种是雅各布斯外部性（Jacbos 外部性），更强调产业共聚所产生的知识溢出效应的外部性。三种外部性将共同作用于产业共聚对经济增长和经济效率的影响。

三种外部性既有联系又有区别，前两种外部性更加强调其在专业化产业共聚中的作用，其中 Porter 外部性的知识溢出效应来源于市场竞争，而 MAR 外部性则更多是出于市场的垄断性。但是，市场垄断更易于激发技术的创新，其原因是

技术创新的成本较高，企业间更乐意于相互模仿而不是自主创新，使市场中出现大量同质产品成为可能；而技术的垄断往往使企业间更不易产生相互模仿与学习，必须强化自身的自主创新能力来增强企业的竞争力。Porter 外部性与 Jacobs 外部性的联系在于，二者都强调竞争机制能够提升技术创新水平，二者的区别在于 Porter 外部性更多是指相同产业间企业的竞争，也就是地方化经济，而 Jacobs 外部性强调的是城市化经济，即不同经济体的集聚创造出的技术外部性。

2.3.1.2 产业共聚促进了技术创新与进步

正外部性带来的集聚效应将进一步作用于产业共聚对技术创新水平的提升，产业共聚对技术创新与进步的作用是多重的。

第一，多样化产业共聚可通过专业化的产业分工进一步加深产业体系的建立。专业化分工能够强化生产力的发展以及生产率的提升，在多样化产业共聚中生产性服务业可作为中间投入品在专业化市场中发挥效用，并为制造业的生产提供更多服务，从而降低了制造业生产过程中所需的要素成本与交易成本（Macpherson，2008）。生产和服务企业的剥离，更有利于资本等要素资源流向具有比较优势的业务领域，促进技术创新和成果应用（Koch，Strotmann，2006），以及提高行业生产效率。因此，产业共聚可通过深化专业化分工提升产业的生产效率，在一定程度上减小相关成本的投入，成本的下降可为技术进步与创新提供更多的发展空间（江静等，2007）[1]；同时，产业共聚在多种要素共享的环境下实现了产业链的整合与提升，形成了产业的纵向深度拓展以及横向间关联产业技术进步的延伸，而产业体系的形成又可通过关联产业的融合缩短创新的周期，并为关键技术提供支撑，从而实现产业体系现代化发展，进一步提升产业共聚的正外部性效应。

第二，产业共聚强化了科学研发与创新机制。生产性服务业多属于知识与技术密集型产业，当其与制造业实现共聚时，能够实现知识技术在服务提供者与服务使用者之间的转移，减少创新要素获取的障碍。同时，专业化技术人员在制造业与生产性服务业之间的流动有利于产生“隐性或缄默”知识溢出效应（Vanoort，2017）。因此，多样化产业共聚的实现是创新机制的重要保障。

第三，产业共聚能够在区域空间中产生空间溢出效应。空间溢出效应包括知识外部性和技术的空间溢出效应，区域空间在开放的条件下形成产业共聚，产业间通过差异性产业特征、产业关联以及空间关联作用，使区域内的劳动力、资本、技术与知识等生产要素自由流通，产生知识外部性与技术溢出效应。在新经

---

[1] 江静，刘志彪，于明超．生产者服务业发展与制造业效率提升：基于地区和行业面板数据的经验分析［J］．世界经济，2007，8：52-62.

济地理学中，产业共聚是区域空间中的向心力与离心力相互作用形成的，向心力越大产业的集聚效应越明显。本地市场效应、要素价格效应、知识外部性以及技术溢出效应等都是产业共聚的向心力代表，当向心力产生了循环因果累积效应时，生产要素和产业逐步由外部向发展较好的本地区转移，也就是"虹吸效应"的产生。随着区域内产业共聚水平的不断提高，外部不经济、要素价格竞争效应以及竞租效应的产生，使得离心力发挥主要作用，产业由集聚区逐步向周边外围地区转移，此时产业共聚能够为相邻地区带来空间溢出效应（陈子真等，2018）❶。

第四，产业共聚有助于区域经济效率的提升。产业共聚带来的技术进步效应将成为区域经济效率的发展动力，而技术进步主要来源于两方面，其一是专业化产业共聚中，来自相同产业的竞争加剧，使产业内的技术得以改进并升级；其二是在技术进步的基础上，市场规模与需求进一步扩大，并改变了收入结构，从而进一步促进了区域空间内以产业结构升级为核心的技术进步。区域空间中的技术进步是以劳动资本存量的增加为载体的，区域中产业差异化竞争优势以及进入壁垒的增强均可提高劳动生产率（陈建军等，2008）❷。基于威廉姆森假说角度分析，在经济发展的初期，经济活动的空间集聚能够明显地提升经济效率，当经济进一步发展且达到某一临界点时，负向效应随之显现（Wiliamson，1965）。基于开放性假说角度分析，产业集聚在开放程度较低地区中的影响将大于较为开放的地区，即开放程度越高，越不利于经济的发展（于斌斌等，2015）❸。然而，产业的专业化共聚与多样化共聚并不一定显著提高生产率，这与产业和区域的特征、经济发展水平与阶段以及集聚的不同程度息息相关，专业化与多样化产业共聚对经济增长实际上具有非线性关系；具体来说，经济发展初期是由专业化共聚带动的，例如制造业中不同部门的高度集聚，在一定阶段后便抑制了产业和经济的增长，而多样化的产业共聚则相反（贺灿飞等，2012）❹。

2.3.1.3　产业共聚提高了资源利用效率

产业共聚通过改善资源错配、提升资源整合能力、改善基础设施建设等路径提高资源利用效率。

---

❶ 陈子真，雷振丹，李晶仪．生产者服务业与制造业共聚、空间溢出与区域创新［J］．商业研究，2018，5：52-60.

❷ 陈建军，胡晨光．产业集聚的集聚效应——以长江三角洲次区域为例的理论和实证分析［J］．管理世界，2008（6）：68-83.

❸ 于斌斌，杨宏翔，金刚．产业集聚能提高地区经济效率吗？——基于中国城市数据的空间计量分析［J］．中南财经政法大学学报，2015（3）：121-130.

❹ 贺灿飞，肖晓俊．产业集聚、产业共聚与中国制造业生产率［J］．哈尔滨工业大学学报（社会科学版），2012，14（1）：111-120.

第一，产业共聚有利于改善资源的错配。产业的集聚实质上是指劳动力和资本等要素在特定区域空间中的集聚（刘乃全，2012）❶。多样化的产业共聚将更有利于要素资源的流通，通过要素流动实现了优势互补以及产业互动的新局面，进一步提高了要素资源的配置效率。同时，资本要素的集聚将有助于关联产业掌握先进的生产技术，通过技术进步以及科技创新，进一步改善生产效率和技术效率的提升。区域内的劳动力集聚将使劳动力间相互沟通交流以及互相学习成为可能，从而产生知识学习效应、模仿效应以及知识溢出效应，进一步提高了劳动力的生产率和技术效率（唐荣等，2018）❷。因此，产业共聚能够扩大劳动力市场，提升资源配置效率，进而提升企业和产业总的生产效率。

第二，产业共聚有利于提升资源的整合能力。产业共聚能够有效地降低市场门槛，通过产权交易等方式促进资产在企业或产业间的转移，进一步提升了资源的整合与优化能力。产业共聚还可以通过专业化分工提升生产和服务效率，通过生产性服务业中间品的投入进一步加速制造业的生产率，增强制造业的核心竞争力以及拓宽业务的发展空间。同时，具有投入—产出关联的产业可通过人力资本以及生产要素的流动，强化自身的生产环节，进一步实现对资源整合能力的提升。

第三，产业共聚能够改善经济、社会和行政基础设施的建设。从经济基础设施来看，产业的共聚将吸引大量的要素在集聚区集聚，并有效地提升区域内的交通基础设施建设，便捷的交通基础设施能够通过降低运输成本的作用方式，改善城市内产业间的互动关系，同时也是推动区域经济发展的基础条件。除经济与社会基础设施作为区域经济发展所必需的硬环境以外，产业共聚还可提升区域经济发展的软环境建设，即行政基础设施的建设；制度的建立不仅能够降低直接与间接交易成本，还能够为产业和区域经济发展提供保障，从而提升区域经济效率（邱成利，2001）❸。因此，产业共聚能够通过改善基础设施，实现区域经济的增长和经济效率的提升。

2.3.1.4 产业共聚能够改善全要素生产率及其分解要素的效率

产业共聚的三种外部性能够共同作用于产业共聚的发展，并对经济效率产生影响。经济效率的提升与全要素生产率的增长有着重要的联系，因此，产业共聚不仅能够通过集聚外部性影响全要素生产率，还能够对全要素生产率中各分解要素产生影响，即产业共聚对技术效率、技术进步和规模效应的影响。

---

❶ 刘乃全．空间集聚论［M］．上海：上海财经大学出版社，2012.

❷ 唐荣，顾乃华．上游生产性服务业价值链嵌入与制造业资源错配改善［J］．产业经济研究，2018（3）：13-26.

❸ 邱成利．制度创新与产业集聚的关系研究［J］．中国软科学，2001（9）：101-104.

A　产业共聚对技术效率有重要影响

第一，基于 MAR 外部性的影响路径。生产性服务业与制造业通过产业共聚提供的产业空间网络，能够共享投入和产出要素以及市场资源，再基于产业分工理论，通过改善技术效率节约各项成本，不断强化专业能力和核心竞争力。

第二，基于 Porter 外部性的影响路径。产业共聚可以通过竞争机制来提升区域内的技术效率，使低效率企业被淘汰而高效率企业不断向集聚区集聚，区域生产力、技术以及规模效益的不断加强，使技术效率得到改善。

第三，基于产业共聚互动关系的影响路径。产业共聚能够在区域内为多样化产业建立一个沟通的平台，生产性服务业与制造业通过“柔性化”关系，促进了上下游供应商与制造商的紧密联系，形成了互相交流学习的整体，推进学习效应产生的同时降低了学习成本，从而提高了技术效率（盖文启等，2001）❶。

B　产业共聚对技术进步有重要影响

第一，基于 MAR 外部性的影响路径。产业共聚产生的 MAR 外部性会使区域内更容易产生知识与技术的溢出效应，企业可以通过产业共聚相互学习，增加“面对面”沟通的机会，而知识和技术具有扩散效应，集聚区内的各企业都将通过技术进步提高生产效率。

第二，基于 Porter 外部性的影响路径。竞争机制能够使集聚区内的高效率产业不断增多，高效率产业要么通过引进技术或者学习效应提升技术水平，要么已拥有较为前沿的技术水平。以上路径在现实中往往达不到预期效果，根据技术赶超理论（Nelson 等，1966）❷，当区域内的技术水平与前沿技术差距较大时，技术进步实现的可能性较大；当差距缩小时，技术进步实现的可能性较小。同时，当技术进步带来的收益大于技术投入成本时，技术进步往往较容易实现，反之技术进步则停滞不前。

第三，基于 Jacobs 外部性的影响路径。与 MAR 外部性相同，Jacobs 外部性也侧重于知识与技术的溢出效应，但 Jacobs 外部性更强调产业间多样化产业集聚的知识与技术溢出效应。相同产业在集聚区内具有横纵向的发展关系，其产生的学习效应和溢出效应，可带动整个产业生产效率的提升，而不同产业又可以通过集聚扩大溢出效应的作用，使集聚区的产业技术不断提升。

C　产业共聚也对规模效率有重要影响

第一，基于 MAR 外部性的影响路径。在产业共聚的发展初始期，MAR 外部

❶ 盖文启，朱华晟．产业的柔性集聚及其区域竞争力［J］．经济理论与经济管理，2001（10）：25-30.

❷ NELSON R R，PHELPS S. Investment in humans，technological diffusion，and economic growth［J］. The American Economic Review，1966，56（1/2）：69-75.

性有助于企业扩大生产规模，当发展到中后期时，由于产业不断地集聚，使交易成本随之上升，此时产生了规模不经济效应，MAR 外部性则不利于规模效应的提升。

第二，基于 Porter 外部性的影响路径。由于竞争机制的存在，企业必须控制自己的生产规模，时刻保持自己在行业中的竞争力，通过控制企业自身的发展规模以达到规模效益最大化。

第三，基于产业共聚互动关系的影响路径。产业的共同集聚使产业间的联系更为紧密，产业间互为供需关系，这在一定程度上有助于企业扩大其生产规模，但规模的扩大也要考虑成本的作用。通常竞争优势包括两种，一种是成本优势，另一种则是差异化优势。也就是说，当企业生产成本较低时，此时企业在市场中的竞争力更强；当企业生产的产品更加新颖、品质更突出、服务更周到时，企业也能在市场中保有强有力的竞争优势。因此，两种优势对规模经济都将产生重大的影响（梁小萌，2000）❶。当成本大于收益时，企业往往选择放弃规模的扩大，而更倾向于投入到对生产技术的提升中。

2.3.2 产业共聚的负外部性效应

2.3.2.1 负外部性

负外部性由福利经济学较早论及，之后在制度经济学中得到了进一步的讨论。霍布斯和庇古建立了一种研究社会经济福利的经济学理论体系，福利经济学理论中最早提出了“负外部性”这一概念。正外部性与负外部性实际上是私人边际成本（Marginal Private Cost）与社会边际成本（Marginal Social Cost）的相互转化。当经济主体的活动给其他经济主体带来福利时，此时社会边际成本较大，表现的是正外部性效应；当经济主体活动反过来增加其他经济主体的成本且没有补偿时，那么此时私人边际成本较大，表现为负外部性。负外部性的代表便是市场的失灵，即要素配置功能减弱，只能通过行政手段的介入才能够调整，此时政府可以通过对正外部性的经济主体进行补贴对负外部性经济主体征税来解决此问题。

事实上，政府干预的介入会使产业共聚产生的正负外部性效应更加复杂化。通常情况下，政府干预出现在产业共聚的前期。当产业共聚达到有效规模时，则以市场为主要导向来发展。自然形成的产业间互动或集聚很有可能停滞不前，此时需要强有力的手推动产业共聚的继续发展，在这一阶段中具有积极效应的政府干预变得尤为重要；同时，政府干预的产业共聚充满了不确定性，在产业共聚形

---

❶ 梁小萌．规模经济和产业集聚及区域协调——入世后我国产业竞争优势的培育［J］．改革与战略，2000（5）：12-16.

成、发展以及演化的各个过程中，政府该如何干预、借助怎样的手段、干预程度如何都尤为关键。良好的干预手段有利于产业的发展和法治环境的建设，但当政府干预不恰当时，将对产业共聚的形成与发展造成不良影响。

根据外部性的讨论可以看出，外部性是产业共聚在发展过程中的必然结果。正外部性能够带来集聚效应，通过正的溢出效应能够进一步促进产业与经济的发展；负外部性是集聚不经济的原因，其产生的不同种类的拥挤效应可以采用不同方法予以解决。

2.3.2.2　拥挤效应

A　拥挤效应的概念与现象研究

拥挤效应指的是受限于空间范围等条件，经济过度集聚导致要素配置比例失调，从而产生的非经济性效应（周圣强等，2013）[1]。产业共聚在向心力的作用下使生产要素形成空间集聚，成为推动区域经济增长的重要动力。但是，随着区域产业规模的持续发展和扩大，导致企业的过度进入，由资源要素短缺和劳动、资本要素过度密集以及道路交通拥塞所引起的拥挤效应对区域经济增长则会产生负面影响。

杜能（Johan Heinrich von Thünen，1986）在其著作《孤立国》中指出，地租与生活成本的不断上涨将迫使企业在区位决策时离开中心城市，这也是对拥挤效应的早期关注。亨德森（Henderson，1974）通过城市规模模型，进一步探究了要素报酬以及生活成本因素对于拥挤效应的作用关系，当城市规模扩大时要素报酬和生活成本将上涨并降低集聚经济效应，也就是说，城市的发展存在最优规模，当城市规模过大时集聚效应将转为拥挤效应。产生拥挤效应的原因包括有限的市场容量、有限的环境承载力和稀缺的要素资源点。

拥挤效应的产业是产业过度集聚的表现形式，其最直接的反映便是交通拥挤效应、生产要素拥挤效应和基础设施拥挤效应。从交通拥挤效应看，拥挤效应来源于区域内通勤成本的上升，即区域间运输成本的上升（Eicher，Turnovsky，2000）。运输成本上涨迫使劳动力和产业流向边缘地区，使产业的发展呈现扩散趋势。从生产要素拥挤效应看，生产要素拥挤效应是区域负外部性的表现，以劳动密集型产业为例，劳动密集型产业的过度集聚会导致过度投入的劳动力要素反而降低了产业的生产效率。从基础设施拥挤效应看，物质性基础设施和信息基础设施的拥挤效应最为突出，物质性基础设施如水电、学校、医院和公园等设施的供应，信息基础设施如网络、电话等设施的建设程度，当这两种基础设施的使用

---

[1] 周圣强，朱卫平．产业集聚一定能带来经济效率吗：规模效应与拥挤效应［J］．产业经济研究，2013，3：12-22.

超过临界点时，想要使用这些基础设施的企业随之减少，造成生产成本的上升，并降低了企业的竞争力，从而不利于区域的整体发展（孙鳌等，2007）❶。

B 拥挤效应对经济效率的影响分析

拥挤效应同样对经济效率产生影响。一般情况下，产业共聚受市场机制的调节和政府干预的联合作用下，促进了区域空间的全要素生产率的提升；但现实中，产业共聚的形成、发展和演化的过程更加复杂，也受其他因素的影响。

第一，拥挤效应能够产生沉没成本。制造业与生产性服务业在合理范围内共同集聚时，不仅能够降低相关成本，还能够提高收益，对于生产率也有进一步的提升；当产业过度集聚时，反而增加了相关成本，例如地租、时间和交通运输等成本的增加，往往会阻碍生产效率的提升。拥挤效应与集聚效应在产业集聚的发展过程中是互通的、可逆转的，集聚在带来各项好处的同时，也会随着经济的发展造成房价上涨等不良影响，也就是拥挤效应的产生。因此，产业共聚能否提升经济效率的增长，取决于集聚效应是否大于拥挤效应，还是拥挤效应更加明显。由于“选择效应”的存在，企业在进行区位选择时会衡量成本的高低，当企业发现集聚效应产生的成本高于收益时，则会选择退出集聚中心，低效率企业更倾向于退出原本的集聚区，转而向成本更低廉的地区发展；另一些企业发现集聚带来的效益和收益都大于付出的成本，则会选择留在集聚区继续发展，这一点在高效率企业的选择中较为明显。因此，随着时间的推移，会出现集聚区内的高效率企业不断集聚，低效率企业则不断退出的现象。但是，现实往往不仅如此，由于沉默成本的存在，使得企业极难退出市场，导致集聚区将积累大量低效率企业，不但影响企业自身的发展，还会拉低整个产业空间网络的生产效率，致使经济效率无法得到改善。

第二，拥挤效应还来源于区域中产业和空间的异质性，异质性影响了经济效率的提升。现实中，产业共聚往往会出现不同质的制造业和生产性服务业共同集聚的现象，这种异质性产生的外部经济效应也有较大差异。通常情况下，高技术产业的集聚会产生更多的知识溢出效应，从而通过技术的提升进一步促进生产效率的提升，同时，与其集聚的同质生产性服务业会在产业网络中紧密相连，促进区域经济的发展。但是，当劳动密集型产业共聚时，对生产效率的提升往往不足。区域经济效率的提升与全要素生产率的提升密切相关，而产业共聚对全要素生产率的提升在不同区域空间内效果不同、存在差异性，这是因为各区域空间存在异质性。一方面，每个区域有自身具备的要素特点，即资本、劳动力和市场等因素都存在差异，这就导致知识与技术溢出效应、学习能力以及吸收能力都不尽相同，进而形成了产业共聚对全要素生产率的改善也不完全一致情况；另一方

❶ 孙鳌，陈雪梅. 拥挤效应对企业集群竞争优势的不利影响［J］. 理论月刊，2007（7）：161-163.

面，除生产要素以外，产业共聚影响全要素生产率的提升还受区域内其他因素的影响，例如经济的发展水平、产业结构、对外开放程度、政策红利、基础设施完善程度和监管环境等，诸多因素都会对全要素生产率产生不确定的影响。

综上所述，产业共聚的拥挤效应的产生将阻碍集聚效应带来的优势发展，在一定程度上削弱产业的竞争力，也会影响区域经济的发展，但拥挤效应与集聚效应是存在互动关系的，二者能够相互转化。因此，只有协调好产业共聚的集聚效应和拥挤效应的互动关系，才能够进一步协调产业共聚与经济增长的关系。

2.3.3　产业共聚的协同发展效应

区域空间中产业共聚的集聚效应与拥挤效应不是固定不变的，更多的是呈现出动态的更替现象，产业共聚对经济增长的影响是两种效应的综合作用结果，是集聚效应与拥挤效应共同作用下的协同发展效应。集聚效应使区域空间中的运输与交易成本下降，深化了产业的分工模式，促进了专业化产业共聚的发展；同时，得益于产业间的关联性特征，产业间的互动进一步加深了多样化产业共聚的发展，形成产业互动的空间格局。此外，具有关联性的多样化产业间能够通过共享劳动力市场与基础设施，以及技术与知识的溢出效应，进一步使相关成本不断下降，促进了产业中企业的规模报酬递增，从而促进区域经济的增长。当产业共聚的集聚规模不断增强时，向心力会吸引着更多生产要素的集聚。然而，区域空间的承载力是有限的，过多的劳动力、人口以及产业的集聚将超出区域空间的负荷，从而产生了产业过度集聚的问题，而过度集聚必然使拥挤效应占据主导地位，此时如何协调好集聚效应与拥挤效应的共同作用，将是能否推动区域经济协调发展应考虑的重点问题。

国内外学者对于集聚与拥挤效应的更替展开了相关研究。Brakman 等（1996）运用一般均衡模型首次探讨了产业集聚的拥挤效应。他们指出，在集聚经济快速发展时期，并不存在拥挤效应，当集聚水平达到一定规模时，集聚效应与拥挤效应则达到一种长期的均衡❶。Farmanesh（2009）认为，产业在集聚初期时，工资处于较低水平，促进了产业的发展，当集聚程度达到一定水平时，工资的上涨则会使集聚的利益呈下降趋势❷。王秀海（2010）认为，产业集聚能够使区域经济得以发展，当发展持续到一定水平时，特别是经济活跃期，集聚不经济效应开始显现❸。沈能等（2014）认为，产业集聚的正负外部性在不同阶段是交

❶ BRAKMAN S, GARRETSEN H, GIGENGACK R, et al. Negative feedbacks in the economy and industrial location [J]. Journal of Regional Science, 1996, 36 (4): 631-651.

❷ FARMANESH A. Regional dimensions of economic development in iran: A new economic geography approach [J]. MPRA Working Paper, 2009, 13580: 17-19.

❸ 王秀海. 浙江省制造业集聚与集聚拥挤效应研究 [J]. 商业时代, 2010 (24): 144-145.

替出现的，随着产业集聚度增强，对生产率的表现是先增强后下降的，在判断标准上存在集聚推进、适中和过度的三种标准形式❶。孙元元等（2015）认为，产业集聚具有高拥挤效应与较低的技术外部性的特征，技术进步将推动集聚效应的产生，而不断地集聚则会使技术进步率下降❷。何文举等（2019）在产业集聚与碳排放的研究中发现，产业集聚是一个推演的过程，产业集聚能够通过吸引大量的企业与劳动力集聚从而产生高碳排放量，但又能够通过正外部性的产生与规模效应的提升，从而促进技术水平的提升，并以此改善碳排放水平；然而，并不是产业集聚度越高越有利于低碳排放度的维持，过度集聚导致的拥挤效应又会影响企业的生产效率，从而对碳排放产生负面影响❸。产业集聚也会根据不同的区域条件产生差异性效应，王立勇等（2021）认为，在交通发达区域，集聚能够产生规模效应，提高生产率；在交通欠发达地区，一味地追求集聚则会导致拥挤效应的产生，即生产要素的不均衡匹配所对应的生产效率低下问题❹。

因此，当产业共聚超过适度范围之后，拥挤效应开始占据主导地位，具体表现为生产要素价格上升、企业生产成本上升、基础设施负网络外部性等，或者即使要素投入并未引起拥挤效应，也会因为制造业的过度竞争机制，降低资源的配置效率，从而抑制经济的增长。产业集聚是存在最佳规模论的，当特定区域内集聚的企业数量过多时，产业集聚效应也会随之下降。因此，正是由于集聚效应与拥挤效应的交替发展，二者的共同作用下所产生的产业共聚协同发展效应，进一步推动了区域经济的增长以及区域间的协调发展。

2.3.4 产业共聚与产业体系的互动关系

城市群经济效益的提升离不开产业的发展，现代产业体系正是基于产业发展形成的，产业共聚能够通过产业分工、要素共享、知识溢出效应等有效地推动产业的升级与转型，进一步促进现代产业体系的建设，而现代产业体系又能够进一步促进经济的增长、生产率的提高和产业结构的优化升级，因此，现代产业体系是衡量区域经济发展水平的重要标志。本小节从产业共聚内在机制出发，从其推动产业体系创新、产业共聚的集聚与扩散效应对现代产业体系的作用等角度，探究产业共聚、现代产业体系与城市群经济效益三者的关系。

---

❶ 沈能，赵增耀，周晶晶．生产要素拥挤与最优集聚度识别——行业异质性的视角［J］．中国工业经济，2014（5）：83-95.

❷ 孙元元，张建清．中国制造业省际间资源配置效率演化：二元边际的视角［J］．经济研究，2015，50（10）：89-103.

❸ 何文举，张华峰，陈雄超，等．中国省域人口密度、产业集聚与碳排放的实证研究——基于集聚经济、拥挤效应及空间效应的视角［J］．南开经济研究，2019（2）：207-225.

❹ 王立勇，吕政．制造业集聚与生产效率：新证据与新机制［J］．经济科学，2021（2）：59-71.

2.3.4.1　城市群是产业共聚和产业体系的空间载体

在产业体系形成的视角下，城市和城市群成为产业共聚的空间载体。产业体系的形成与发展最初是由工业化进程推动的，第一次工业革命以来，特别是第二次工业革命之后，技术进步使得工业区位的选择不再受到资源禀赋的约束而逐步向城市转移，城市中的产业共聚现象已经普遍存在。由工业集聚带来产业链的形成、劳动力池的逐步扩大，使得上下游产业、交通运输业、金融保险业、生活服务业都向产业集聚地集中。工业自身的发展及其发展所带来的服务业崛起是推动城市群经济发展的重要驱动力，这主要得益于以下三种效应：

（1）集聚效应。工业化本身具有内在集聚的作用机制，首先，工业的发展可以通过大规模的本地市场效应产生专业化分工模式，并通过该模式减少企业生产所需要素成本的投入；其次，工业发展所需的各要素，如劳动力和资本等要素的集中能够提高资源的配置效率；最后，企业在空间范围内的大量集聚会产生一定的竞争机制，可通过良性竞争产生的 Jacobs 外部性带来技术与产品的创新。因此，当各生产要素集中且企业在适度范围内大量集聚时，将进一步在市场、交易成本、要素成本和创新等诸多方面获取更大的利益。这些利益给予了企业在地理上集聚的动力，并通过集聚作用于城市的发展，最后通过空间联动性进一步作用于城市群的发展。

（2）乘数效应。随着工业发展进程的进一步加深与集中，工业的发展增加了劳动力的需求，并带来了城市内人口的增加和收入的上涨，这催生了服务业的发展；服务业中劳动力的增加和收入的上涨又进一步推动了消费能力的增长，由此便形成了城市以及城市群经济增长和规模扩大的乘数效应。

（3）循环因果累积效应。工业和服务业的发展推动了城市的发展，城市群作为多个城市的集合体，将进一步通过城市的循环扩张因果机制得到充分的发展。也就是说，城市内产业的发展能够带来就业水平的提升和消费能力增长的同时，还能够为政府带来一定的财政收入；政府可将部分收入用于基础设施建设等方面，各城市可通过基础设施的建立进一步支持工业与服务业的发展，在改善产业发展外部环境的基础上，建立城市群产业空间体系，从而吸引和开始新一轮的以区域经济协调发展为核心的产业升级和产业空间优化进程。随着大城市的产业溢出，大城市与周边城市之间的产业关联日益紧密，这使得产业共聚研究必须以城市群为空间对象。

2.3.4.2　产业共聚推动城市群产业体系创新

城市群产业体系的创新离不开产业共聚和产业融合的互动关系。产业共聚是不同产业在某一区域的空间集聚，能够提高资源的配置与经济活动运行的效率，并通过降低交易成本、外部经济效应、技术创新和共享劳动力市场等因素促进产业的融合，同时也是整合区域产业体系的重要手段（张明之，2003）❶。

产业共聚与产业融合的关联性促进了新产业的发展，既保留了原有产业的发展，又形成了新的产业，二者共同改变了城市群内原有的产业结构，实现城市群产业体系的创新。可以说，产业共聚是产业融合的前提条件，产业融合则是产业共聚的内在驱动因素，因此，本书认为产业共聚与产业融合二者互为因果，共同推动了城市群产业体系的发展与进步。

在产业共聚与产业融合的共同作用下，城市群产业体系得到了创新，城市群现代产业体系的形成将进一步促进经济增长与经济效率的提升。城市群的发展对产业的发展有极强的依赖性，产业的增长是城市群经济增长、功能拓展、竞争力提升和经济效率改善的动力引擎，现代产业体系的发展恰恰是建立在产业发展基础上形成的产业系统，能够进一步促进城市群产业与经济的协调发展。王海兵等（2016）在创新驱动与现代产业发展体系研究中发现，产业结构的改变与经济增长和全要素生产率存在互为因果的作用机制，其中产业体系的变迁是全要素生产率的格兰杰原因，反之则不成立。技术创新能够对产业结构的变迁起着积极的作用，根据不同的经济发展阶段，产业发展体系与技术进步、技术效率、规模效率以及经济增长都有一定的正负向影响。也就是说，产业体系在发展过程中具有自我演化机制，同时还具有与经济增长和产业结构转化的协同互动机制❷。付保宗等（2018）在协同发展的产业体系内涵与特征研究中指出，产业体系的形成是由驱动经济发展的相关生产要素协同作用的结果，协同发展产业体系具有全局联动性、形态多样性、阶段变化性和开放互动性等特征，协同发展产业体系的建立是提升经济效益和优化资源配置的系统机制❸。因此，产业共聚能够协同产业融合机制共同促进城市群现代产业体系的构建，以产业的发展提升城市群经济效益。

2.3.4.3 集聚与扩散效应共同作用于现代产业体系建设

基于产业共聚形成机理中的产业关联因素视角，产业的水平与垂直关联能够推动产业链的横纵向发展，产业链的形成对城市群经济的增长以及竞争力的增强起着至关重要的作用，产业链的多元化发展是城市群现代产业体系散发活力的体现。产业共聚的集聚效应不仅能够进一步推动产业链的集聚，并形成城市群内不

---

❶ 张明之. 产业融合与产业集聚：新型工业化道路解读［J］. 唯实，2003，4（4）：25-25.

❷ 王海兵，杨蕙馨. 创新驱动与现代产业发展体系——基于我国省际面板数据的实证分析［J］. 经济学（季刊），2016，15（4）：1351-1386.

❸ 付保宗，周劲. 协同发展的产业体系内涵与特征——基于实体经济、科技创新、现代金融、人力资源的协同机制［J］. 经济纵横，2018（12）：23-33，2.

同区域间的产业链体系，还能够完善城市群内各城市不同功能属性的区域分工与合作机制，从而提升城市群经济效益；产业共聚的扩散效应能够产生产业链的扩散效应，产业链的扩散效应带来的是产业的技术扩散，并延伸和拓展产业链的优势，驱动着新产业链的形成，同时产业链的扩散效应对城市规模具有一定的调节作用。

城市群是特定的空间范围，城市群经济的增长离不开产业的发展，而产业的发展离不开产业链条的延伸与拓展。从产业链的空间演化视角看，产业链空间演化包含两种内容，其一是内涵演化，结合产业的水平与垂直关联，产业链可通过纵向的延伸以及横向的拓展进行进一步的演化，使在同一产业链上各个节点的企业数量增加，或使不同产业链间的关系更加密切与复杂；其二是产业链空间范围拓展方面的演化，产业链从单一区域拓展至不同区域的发展与延伸，产业链空间范围的拓展结果是市场范围的扩大以及产业竞争力与影响力的增强（程李梅等，2013）[1]。产业链空间演化与城市群产业共聚具有互动关系，专业化产业共聚能够加深产业的分工和垂直关联效应，从而作用于空间中产业链的纵向延伸。多样化产业共聚不仅能够通过知识溢出效应促进多样化产业链的横向延伸，还能够通过产业融合的方式促进新产业链的产生。

产业共聚的拥挤效应使产业链的发展受区域空间中分工水平和要素禀赋的限制，形成了产业链的扩散效应。基于产业链扩散效应，产业链的发展将突破区划限制，形成城市群内产业体系的有机统一。在单一区域内，产业链的纵向延伸首先是在企业内展开的，企业内部生产部门的不同分工决定了产业链的分工，产业链的分工加速了产业的快速成长，使产业链的节点不断增加，突破了单一企业的局限性，并与各节点企业集聚，进一步延长了原有产业链，使原有生产过程和分工程度不断深化；同时，又通过以上过程催生出新的分工合作，减少了对原有产业链的依赖，产生了新产业链和价值体系。然而，产业链在单一区域内的纵向延伸会受到制约，即技术不可分割限制、中间产品市场限制和区域要素资源限制。因此，产业分工与区域条件是对立的有机整体，当产业链纵向延伸发展无法突破区域限制时，产业链此时是相对稳定且不变的。随着产业链进一步拓展至成熟阶段，区域内要素流动自由等条件将使这种稳定状态被打破，推动产业链的发展突破区划边界，产生扩散效应，不断向区域外寻求更大的发展空间，出现了各区域内产业链片段化以及产业链空间重组问题，这也是产业链扩散的基础。随着城市群内区域一体化程度的加深，产业链的发展模式更倾向于跨区域分工，处于同一产业链的不同环节在不同区域内布局与分工，使产业链形成了片段化、区段化的

---

[1] 程李梅，庄晋财，李楚，等. 产业链空间演化与西部承接产业转移的“陷阱”突破［J］. 中国工业经济，2013（8）：135-147.

发展模式（郑凯捷，2008）[1]，即产业链的跨域纵向延伸；同时，随着不同区域内产业链的发展，将形成完整且独立的价值体系，这些价值体系又是构成某一终端产品的必要组件，通过价值体系可以连接不同区域内分散的产业链，使产业链在横向上进一步拓展并产生了互补效应。产业链的扩散效应同样也促进着产业链的横向拓展，受区域内区位条件、要素禀赋和技术的限制，多样化产业分散在不同区域内，这些产业既具有纵向联系，也具有横向的互补关系，在城市群产业共聚的推动下产业得以融合发展，而产业融合是技术与制度共同进步的结果。技术的革新能够改变原有生产技术，并影响着其他产业的发展，而制度因素中的放松管制，为相关产业与原有产业的融合提供条件，进一步促进了产业融合并形成了新的产业空间网络。

产业共聚为城市群内产业的专业化与多样化发展提供了环境，为产业链的横纵向发展提供了拓展的空间。产业链的跨域纵向延伸以及分散产业链整合的横向互补，共同形成了完整的城市群产业链条，而城市群产业的发展和产业体系的建设正是因为产业链的集聚与扩散效应产生的。产业链的纵向深化分工提升城市群产业体系中产业质量，横向互补则完善了城市群产业体系的组成部分，提供了城市群现代产业体系发展的必要条件。在产业共聚的推动下，跨区域产业链的整合将进一步带来区域经济协调发展的乘数效应，且城市群现代产业体系进一步协调了产业的发展，升级了产业结构，完善了区域产业链的建设，满足了区域一体化的战略要求，使区域经济协调发展以及生产率的提升成为可能。

[1] 郑凯捷．制造业产业链区域间分工与服务业不平衡增长［J］．世界经济研究，2008（2）：60-66，88.

3　产业空间演进与共聚水平测度分析

对于产业共聚的研究，并没有标准化的研究程序。本书认为，产业共聚的研究既要看微观层面的性状，也要分析其宏观发展趋势。因此，本章以珠三角城市群为研究空间，深入探讨珠三角地区产业结构从单一化走向多样化的变化趋势，测算珠三角地区专业化产业共聚和多样化产业共聚水平。在结合产业共聚微观性状与宏观发展趋势分析的基础上，进一步对珠三角城市群产业共聚的空间格局、影响因素展开研究，以探索城市群内产业共聚推动现代产业体系发展的内在机理。

本章结合产业共聚的形成机制、产业共聚对经济效应的作用机理，以及机器学习最优传输距离算法和修正的 EG 指数法，构建了专业化产业共聚和多样化产业共聚指标。在深入分析珠三角城市群产业空间发展趋势的基础上，运用空间计量模型方法，探究空间中各要素对产业共聚的影响，以及产业共聚的空间溢出效应。

3.1　产业空间结构特征

改革开放 30 年以来，珠三角作为我国重要的制造业基地，一方面承接了中国香港、中国台湾等地的劳动密集型产业转移，另一方面得益于工业的发展，珠三角地区迅速地度过了工业化前中期阶段。随着各发展要素的成本上升，低附加值产业逐渐从核心发展地区转移，服务业与技术密集型产业的发展成为现在以及未来产业结构调整的方向，并且存在显著的生产性服务业与制造业的共聚趋势。基于此，本节将围绕珠三角地区产业空间的总体特征、产业的发展现状和结构的演变历程，对区域内外产业结构性转换的过程进行梳理，为后续产业共聚的测算做好充分的准备与铺垫。

3.1.1　产业空间总体特征

在珠三角地区经济发展的初期，是发达地区转移劳动密集型产业的重要承接地，拥有低廉的土地价格、丰富的劳动力、国家优惠政策、开放的港口和完善的基础设施，这些要素都吸引着大量的外资投入，加之东南亚地区劳动密集型产业的产能向外扩张，使珠三角工业产业集聚趋势明显，经济在短短的20年内得以快速增长。因此，有“世界工厂”之称的珠三角城市群，制造业的发展一直是影响珠三角地区经济增长的重要因素，形成了初具规模的制造业基地。然而，伴随着经济发展水平的提升，全球化进程的不断加快，珠三角地区的资源竞争不再占据优势，各项要素成本的上涨使珠三角内原本极具优势的产业不再具有竞争力。面对新的挑战，珠三角地区各级政府通过行政措施等积极的手段展开应对。2005年，广东省政府对欠发达地区实行产业转移政策，并带动粤北山区和东西两翼地区的发展[1]。2008年，广东省委省、省政府推出了“双转移”战略，该政策通过鼓励劳动力和产业双转移，使欠发达地区的劳动力到发达的珠三角及其他地区内发展，不仅提升了劳动力的工资水平，优化了产业结构，还增强了产业的竞争力。“双转移”战略的提出，调整了珠三角城市群产业发展的协调性，优化并升级了产业的空间结构，对区域产业体系的建设和经济的增长产生了深远的影响[2]。

“双转移”战略调整了珠三角地区的产业空间布局，按产业类型划分其影响主要有三方面：

第一，劳动密集型产业转移。劳动密集型产业转移往往比资本密集型产业更容易转移（Pennings，Sleuwaegen，2000）[3]，因为劳动密集型产业更加依赖于劳动力的变化和成本的价格变化。在珠三角地区内，劳动密集型产业转移是沿着“日韩、中国台湾地区、中国香港地区→珠三角核心城市→广东省其他城市”的路径，以纺织业等将劳动力转移到广东省其他城市的产业为代表。也就是说，在政策的导向作用下，结合生产成本和地租上涨等原因，劳动密集型产业转移至成本相对较为低廉的地区发展，进而使劳动力得以进一步转移。为此，欠发达地区形成了新的产业共聚，即劳动密集型产业的上下游产业链及其配套服务业的高度集聚，而发达地区的产业空间得以重组，为技术密集型产业的发展开辟了空间。

第二，技术密集型产业的转移。技术密集型产业如计算机、通信和其他电子设备制造业的转移更倾向于发生在大城市中，以广州和深圳为例，两城市均具备良好的投资环境、技术环境、高技术人才和配套的基础设施等条件，这些优势要素不断吸引着技术密集型产业向该地区转移。一旦技术密集型产业在该地区形成集聚，知识与技术的溢出效应将吸引更多相关企业和配套的服务型企业的共聚，

[1] 广东省人民政府．《关于广东省粤北山区及东西两翼与珠江三角洲联手推进产业转移的意见（试行）》[R/OL]．2005-03-07.

[2] 中共广东省委、广东省人民政府．《关于推进产业转移和劳动力转移的决定》[R/OL]．2008-05-24.

[3] PENNINGS E，SLEUWAEGEN L. International relocation：Firm and industry determinants [J]．Economics Letters，2000，67：179-186.

从而不断挤压传统产业的生产空间，并形成循环累积因果效应，直到该地区同类产业饱和，边际效益开始下降为止。

第三，资本密集型产业的转移。资本密集型产业如化学原料制造业、通用与专用设备制造业等，资本密集型产业相对于劳动密集型产业和技术密集型产业的转移更困难，这是因为资本密集型产业具有投资大、生产周期长、跨区域转移难度较大的特点。资本密集型产业也可称为投资拉动型产业，只有较大规模的投资带动下，才会使资本密集型产业进行区际转移（刘红光等，2014）❶。

纵观珠三角城市群产业变迁的历程，珠三角城市群内第二产业的发展已从核心城市转移至珠三角外围地区，产业结构逐渐呈现出劳动密集型产业减少、资本与技术密集型产业较多的发展趋势。然而，珠三角地区产业空间布局的转变并不仅仅是工业上的变化，近年来，现代服务业的崛起成为了推动区域经济发展的新动力。根据2010年发布的《广东省现代产业体系建设总体规划》(粤府办〔2010〕54号）中指出，广东省“双轮驱动”的产业体系基本形成，第二、三产业结构从1978年的46.6∶23.6调整为2009年的49.3∶45.6，第三产业的占比逐年增高，开启了服务型经济的发展模式。

为了更加全面地分析珠三角城市群产业空间的总体特征和产业结构的演变趋势，并为后文产业共聚的研究选定合理的测算范围，符合珠三角地区产业结构发展的城市划分是本书研究的基础。因此，本书参考刘少和等（2016）和苏潮歆（2019）的研究，将珠三角城市群划分为9个核心城市，分别为广东省的广州、深圳、东莞、佛山、惠州、中山、珠海、江门、肇庆，以及环珠三角城市群的5个城市，分别为广东省的汕尾、清远、云浮、河源、韶关，共14个城市作为本章珠三角地区的界定。

3.1.2　产业结构发展现状

3.1.2.1　珠三角与环珠三角城市群产业结构发展现状

通过2000—2018年珠三角地区三次产业增加值占地区生产总值的比重情况可以发现，第一产业的增加值占比逐年下降，从2000年的9.54%下降至2018年的3.70%，下降了5.84个百分点，在观测期内第一产业的增加值占比总体低于第二、三产业；第二产业的增加值占比呈现缓慢下降趋势，自2000—2018年下降了5.22个百分点，下降幅度要小于第一产业的增加值占比，自2013年起第二产业的增加值占比不足50%；第三产业的增加值占比呈现出逐年上升的趋势，从2000年的39.88%上涨到2018年的50.95%，上涨了11.07个百分点。2016—

---

❶ 刘红光，王云平，季璐．中国区域间产业转移特征、机理与模式研究［J］．经济地理，2014，34(1)：102-107.

2018 年，珠三角城市群第三产业的增加值占比反超第二产业的增加值占比，第三产业的快速增长已成为推动珠三角城市群经济增长的主要动力。

通过 2000—2018 年环珠三角城市群三次产业增加值占地区生产总值的比重情况，发现与珠三角城市群相比，环珠三角城市群三次产业的增加值占比波动幅度更大，其中第一产业的增加值占比下降趋势最为明显，从 2000 年的 33.62% 下降至 2018 年的 13.98%，下降了 19.64 个百分点；第二产业的增加值占比呈现出先上升后下降的倒“U”形趋势，其中 2008 年三次产业的增加值占比为 17.25∶50.23∶32.51，第二产业的增加值占比远远高于第一、二产业的增加值占比，产业结构极度不均衡；第三产业的增加值占比逐年升高，但在观测期内仍未超过 50%，其中 2018 年达到最高点为 48.33%。

通过对珠三角和环珠三角城市群产业结构发展的对比可以看出，珠三角城市群，也就是 9 个核心城市中第一产业的增加值占比明显低于环珠三角城市群的 5 个城市，但第一产业的增加值占比总体上呈现下降趋势；珠三角与环珠三角城市群第二产业的增加值占比均出现了逐年下降的趋势，其中环珠三角城市群第二产业的增加值占比下降速度更快；在第三产业的增加值占比中，环珠三角城市群的上涨速度要高于珠三角城市，整体高出 4.34 个百分点，说明相比于核心城市，外围城市服务业的成长速度更快，但总体上仍不如核心城市服务业的发展。

3.1.2.2 珠三角与环珠三角城市群各城市产业结构发展现状

通过 2000 年和 2018 年珠三角城市群内 9 个核心城市与环珠三角城市群内 5 个城市的三次产业的增加值占 GDP 的比重情况可以发现，2000 年珠三角城市群中，除广州以外，其他城市第二产业的增加值占比均高于第一、三产业，2000 年广州第三产业的增加值占比已达到 52.6%；惠州第二产业的增加值占比居于 9 个城市的首位达到 58%，其次是珠海达到 55.5%。2018 年珠三角城市群中，广州、深圳、肇庆、东莞和中山第三产业增加值占比反超第二产业，其中广州第三产业的增加值占比达到 71.75%，深圳第三产业的增加值占比达到 58.78%，仅次于广州；2018 年各城市第一产业的增加值占比明显下降，其中广州与深圳第一产业的增加值占比分别为 0.98% 和 0.09%，均不足 1%，而肇庆第一产业的增加值占比下降了 13%。

此外还发现，2000 年环珠三角城市群中，河源、清远、汕尾三个城市中第一产业的增加值占比要明显高于第二、三产业，其中清远第一产业的增加值占比达到了 40.6%；韶关与云浮第二产业的增加值占比均高于第一、三产业，其中韶关第二产业的增加值占比达到了 43.5%；汕尾成为唯一一个第三产业增加值比重高于第一、二产业的城市，但占比仍不足 50%。2018 年环珠三角城市群中，除汕尾以外其他城市第三产业的增加值占比均超过第一、二产业，其中韶关、河源与清远第三产业的增加值占比突破 50%，分别达到 54.89%、50.96%、50.54%；清远第一产业的增加值占比不足 20%，下降至 14.78%，仅次于云浮的 18.23%；汕尾第二产业的增加值占比要高于第一、三产业，达到 44.18%，而韶关第二产业的增加值占比下降至 33.51%。

通过对珠三角和环珠三角城市群各城市产业结构发展的对比可以看出，第一产业的增加值占比逐年下降，第二、三产业的增加值占比逐年增高，其中第三产业增加值占比的上升速度要快于第二产业。2000 年，环珠三角城市群各城市第一产业的增加值占比要远远高于珠三角城市群内各城市，其中清远第一产业的增加值的占比最高，总体上珠三角城市群各城市的第二、三产业增加值占比均高于环珠三角城市群内各城市。2018 年，珠三角城市群内各城市中，除肇庆以外，第一产业的增加值占比均低于环珠三角城市群各城市，且均不足 10%；除广州、深圳以外，珠三角城市群各城市中第二产业的增加值占比均要高于环珠三角城市群各城市；珠三角城市群内，广州与深圳第三产业的增加值占比均要高于环珠三角城市群内各城市。

综合上述分析，从横向比较来看，在珠三角和环珠三角城市群产业结构的发展中，第一产业已不占据主导地位，在 2000—2015 年第二产业占据主导地位，到 2016—2018 年第三产业的主导地位逐渐突出，说明珠三角地区已逐渐从工业发展的初期和中期阶段过渡到后期阶段，产业结构逐渐转变为“三、二、一”的发展结构。工业在珠三角地区经济中的地位呈下降趋势，但仍占据一定的主导地位，服务业对于经济发展的作用力不断增强，产业体系更加服务化，产业结构趋向于工业与服务业共同发展。

综上所述，从横向比较来看，在珠三角和环珠三角城市群产业结构的发展中，第一产业已不占据主导地位，在 2000—2015 年第二产业占据主导地位，到 2016—2018 年第三产业的主导地位逐渐突出，说明珠三角地区已逐渐从工业发展的初期和中期阶段过渡到后期阶段，产业结构逐渐转变为“三、二、一”的发展结构。

3.1.3　产业内部结构特征

从珠三角城市群以及环珠三角城市群产业结构发展现状可以看出，第二产业仍是驱动经济发展的主要动力，近年来第三产业得以迅速发展，甚至超过第二产业对于经济增长的作用力。基于此，有必要对第二产业和第三产业内部结构的特征加以分析，且能够为后文产业共聚的测算提供可靠依据。本小节主要针对第二产业中工业（包括制造业）以及第三产业中生产性服务业的内部结构做具体分析。

3.1.3.1 第二产业内部结构分析

A 工业内部结构分析

通过分析2000—2018年珠三角和环珠三角城市群工业总产值的变化情况，其中包括各城市的工业总产值变化趋势，可以看出，珠三角城市群及各城市工业总产值总体上呈现出增长的趋势，自2017年开始下降；自2001年起，深圳工业总产值居于珠三角城市群首位，在2017年达到33550.41亿元；肇庆在观测期内工业总产值增长较为缓慢，其工业总产值位于珠三角城市群末尾。

相较于珠三角城市群，环珠三角城市群工业总产值的波动幅度较大，其波动呈现“M”形的发展趋势。自2006年起，清远的工业总产值位居环珠三角城市群首位，在2010年达到最大值2828.86亿元；云浮的工业总产值增长较为缓慢，其2016年的工业总产值为1221.61亿元，到2018年下降至588.72亿元，仅高于2012年工业总产值的48.15亿元。通过珠三角与环珠三角城市工业总产值的对比可以看出，珠三角城市群工业总产值整体要高于环珠三角城市群，环珠三角城市群工业总产值波动幅度更大。

从2000—2018年珠三角和环珠三角城市群轻重工业总产值占工业总产值比重的变化情况可以看出，珠三角和环珠三角城市群重工业比重逐年上升、轻工业比重逐年下降。2000—2018年，轻重工业的占比变化较为明显，在2000—2004年，珠三角和环珠三角城市群的工业主体为轻工业，但与重工业的占比情况没有拉开差距，2000年轻工业在珠三角城市群内的占比达到50.09%、在环珠三角城市群内的占比则达到63.80%，到2004年分别下降至39.72%和47%，此时重工业的比重明显上升，与轻工业拉开较大差距；在2004—2018年，重工业的占比表现为比较稳定的上升趋势，轻工业的占比则逐年下降；到2018年，珠三角城市群重工业的占比达到71.28%，环珠三角城市群的重工业占比达到72.36%。

综合上述分析，珠三角和环珠三角城市群的工业总产值总体上呈现出逐年上升的趋势，但2017年后略有下降，轻重工业的占比自2004年后发生较大变化，重工业仍然是珠三角和环珠三角城市群工业发展的主体。总体上，在珠三角与环珠三角城市群内，工业与轻重工业的变化符合国际工业的发展趋势，其原因是，珠三角地区在改革开放之初以轻工业发展为主，如纺织业、食品加工业、造纸业等，这些产业具有建设时间短、投资少、盈利较大、有效安排大量就业等优势；随着经济发展水平的提高，珠三角地区不得不面临生产成本上升、劳动力不足以及利润率下降等问题，轻工业对于经济增长的贡献不再突出，此时发展重工业的重要性便凸显出来。先进制造业的崛起充分带动了珠三角地区工业的发展，重工业的发展挤占了以劳动密集型加工贸易为主的轻工业的生产空间，且重工业能够为国民经济发展需要的技术与装备提供支撑，从而提升区域以及我国经济发展的综合实力。轻重工业的转化也代表了产业体系的变化，推动珠三角地区的产业体系由原先的传统型转向具有先进技术、科技创新、高附加价值产业的发展方向演进。

B 制造业内部结构分析

工业内制造业部门对于珠三角地区的经济发展起着十分关键的作用，有必要选取制造业内典型产业进行内部结构分析。分析 2000—2018 年珠三角和环珠三角城市群内优势传统制造业总产值占工业总产值的比重，选取纺织业、食品制造业和电气机械及器材制造业作为优势传统制造业的代表性产业。珠三角和环珠三角城市群内纺织业的占比均呈现下降趋势，其中环珠三角城市群下降幅度更大，在 2000—2018 年下降了 4.96 个百分点，珠三角城市群下降了 2.09 个百分点；食品制造业的占比变化趋势较为平缓，在 0.5% ~1.37% 上下波动；在电气机械及器材制造业的占比中，珠三角城市群呈现上升趋势，但环珠三角城市群则呈现下降趋势，其占比在珠三角城市群中，在 2010 年达到最高点（12.35%）后开始下降，到 2017 年后又呈现出上升的趋势，其在环珠三角城市群中的占比在 2006 年达到最高点（6.04%）后开始下降，此后略有波动，但总体上呈现出下降趋势。

分析 2000—2018 年珠三角和环珠三角城市群内装备制造业总产值占工业总产值的比重，选取专用设备制造业、通用设备制造业和汽车制造业作为装备制造业的代表性产业。珠三角和环珠三角城市群专用设备制造业的占比呈现小幅度上升趋势，其中珠三角城市群专用设备制造业的占比上涨更快，在 2000—2018 年上涨了 2.17 个百分点；在通用设备制造业的占比中，珠三角城市群呈现出先上升后下降的趋势，而在环珠三角城市群内的波动幅度更大，在 2008 年达到最高点（4.30%）后突然下降至 2011 年的 1.15%，2018 年再次下降了 0.02 个百分点；在汽车制造业的占比中，珠三角城市群总体上呈现出较大波动幅度的上升趋势，而环珠三角城市群则呈现出缓慢上升的趋势，其中珠三角城市群汽车制造业的占比从 2010 年的 6.91% 下降至 2012 年的 4.50%，但于 2012 年后又呈现出较大幅度的上升趋势。

分析 2000—2018 年珠三角和环珠三角城市群内高能耗产业总产值占工业总产值的比重，高能耗产业的代表性产业包括化学原料制造业和黑色金属加工业。在化学原料及化学制品制造业的占比中，珠三角城市群的占比在 2.73% ~5.05% 的水平内上下浮动，而环珠三角城市群的占比则在 2.22% ~5.93% 的水平内上下浮动，总体上环珠三角城市群的占比更高；在黑色金属冶炼及压延加工业的占比中，珠三角和环珠三角城市群均呈现出下降趋势，其中环珠三角城市群的下降趋势更明显，从 2004 年的 15.21% 下降至 2018 年的 6.57%，而珠三角城市群在

2000—2011 年呈现出缓慢上升的趋势，但自 2011 年以后呈现出下降趋势，整体在 0.73% ~1.91% 的水平内波动。

最后分析 2000—2018 年珠三角和环珠三角城市群内高技术制造业总产值占工业总产值的比重，选取医药制造业和计算机、通信和其他电子设备制造业作为高技术制造业的代表性产业。分析发现，在医药制造业的占比中，珠三角和环珠三角城市群均呈现出缓慢下降趋势，其中珠三角城市群占比的下降区间在 0.70% ~1.42%，环珠三角城市群占比的下降区间在 0.60% ~2.12%；计算机、通信和其他电子设备制造业的占比中，珠三角和环珠三角城市群均呈现出较大幅度的上升趋势，在 2000—2018 年，珠三角城市群上升了 15.25 个百分点，而环珠三角城市群上升了 6.22 个百分点。

通过对制造业内部结构分析，可以总结为以下几点：

（1）在优势传统产业中，电气机械及器材制造业的占比较高，其中在珠三角城市群中该产业的占比处于上升趋势。家电产业早已成为电气机械及器材制造业的支柱产业，以佛山市的顺德为代表，2000 年初顺德已成为全球最大的家电生产基地，2017 年顺德拥有家电生产及配套企业总数达到 3000 家之多，占我国家电生产规模的 15%，可以说家电产业无疑拉高了电气机械及器材制造业总产值的增长。纺织业和食品制造业均呈现下降趋势，这与珠三角地区产业结构正面临转型升级等问题有关，即低端劳动密集型产业的发展将转移至其他地区。

（2）在装备制造业中，汽车制造业总体上呈现出上升趋势，其中在珠三角城市群内的占比更高，说明汽车产业集群主要集中于珠三角核心地区，汽车制造业一直是珠三角地区内的优势产业，拥有较多知名汽车品牌，例如广汽集团、广汽本田、广汽丰田和比亚迪等，珠三角地区汽车产业的发展仍具有极强的竞争力。

（3）在高能耗产业中，其占比总体上呈现出下降趋势，这可能是因为：珠三角地区环境与资源矛盾日益突出，高能耗高污染产业正逐步退出珠三角核心地区，甚至退出广东省，并且 2014 年国务院会议明确提出，禁止珠三角地区新建高能耗高污染产业项目。高能耗高污染产业的退出不仅有利于珠三角地区的生态环境发展，而且对能源结构和产业结构的调整有积极的影响。

（4）在高技术制造业中，计算机、通信和其他电子设备制造业占比上升趋势明显且速度最快。2018 年珠三角城市群的高新技术产业占全国 GDP 比重的 36.23%，这与近年来我国政府以及珠三角地区各级政府推动高技术产业的发展有关，信息技术产业、高端装备制造业、新材料新能源产业以及生物医药等产业的发展，正逐步引领珠三角地区产业结构向更加高端化的发展方向调整。

通过观察 2000—2018 年珠三角地区第二产业的内部结构变化情况，可以明确其产业体系向着更加现代化、高端化、更具效率、更加清洁的方向发展，这不仅有利于珠三角地区产业链的高质量延伸，更是区域可持续发展的基础保障。

3.1.3.2　第三产业内部结构分析

第三产业已成为珠三角地区经济发展的第二支柱产业，其中现代服务业（Modern Service Industry）在近年来的发展更是不容小觑。现代服务业是指随着技术发展而产生的新兴服务业态和技术对传统服务业的升级与改造，是相对于传统服务业更适应现代人与城市发展需求而产生的具有高技术、高质量、高文化属性的服务业，涵盖了基础服务、生产和市场服务（生产性服务业）、个人消费服务和公共服务等 4 个分类。2010 年广东省人民政府发布了《珠江三角洲产业布局一体化规划（2009—2020 年）》(粤府办〔2010〕45 号)，该规划中明确定位了珠三角 9 个核心城市的主体功能，并指出要发挥“广佛肇、深莞惠、珠中江”三大经济圈产业的区域互补性与功能差异性作用，围绕广州和深圳两个城市，构建以现代服务业发展为基础的多圈层城市群产业结构。

基于以上分析，在第三产业的内部结构分析中，将围绕珠三角城市群 9 个核心城市展开。

分析 2017—2020 年珠三角城市群内各城市现代服务业增加值占第三产业增加值和 GDP 比重的变化趋势可以发现，2017 年仅有珠海的现代服务业占比未超过 50%，其他城市均超过 50%，其中中山位居首位，占比达到 73.67%；2018 年，广州、佛山和珠海的现代服务业占比超过 2017 年，其中广州占比位居首位达到 74.38%；2019 年，有 5 个城市的现代服务业占比呈现出大幅上升趋势，分别为深圳、佛山、中山、珠海和江门，在占比下降的城市中，肇庆现代服务业占比低于 50%，为 45.90%。2020 年，广州的现代服务业占比依然呈下降趋势，而深圳的现代服务业占比达到了 76.11%，与 80% 仅相差 3.89 个百分点；中山的现代服务业占比下降幅度增大，整体与 2019 年相比下降了 11.82 个百分点；2019 年，肇庆的现代服务业占比仍未超过 50%。

广州和深圳两个城市的现代服务业增加值占 GDP 比重远远高于其他城市，其中广州的占比呈现下降趋势，而深圳则呈现出上升趋势。2018 年广州现代服务业的增加值占 GDP 的比重超过 50%，达到 51.93%；珠海于 2019 年和 2020 年连续两年占比突破 30%，分别达到 36.16% 和 36.93%。在 2017—2020 年，现代服务业增加值占 GDP 比重未达到 30% 的城市有佛山、东莞、惠州和肇庆，其中肇庆现代服务业的占比下降幅度最大，2017—2020 年下降了 2.85 个百分点。

现代服务业的发展不仅带来产业结构的改变，还带来就业结构的改变。通过 2003—2018 年珠三角城市群各城市生产性服务业就业人数占各城市总就业人数比值的变化趋势可以发现，总体上，在2003—2012年，珠三角城市群内各城市生产性服务业的就业结构呈现上升趋势，部分城市在2012—2013年呈现下降趋势，包括深圳、佛山、东莞、惠州和肇庆，2013年后各城市生产性服务业的就业结构仍保持上升趋势。在2003—2018年，广州生产性服务业的就业人数占比上升幅度最大，但在2012年以前占比不超过30%，自2013年起占比高达35%；深圳在观测期中，其就业人数呈现“N”形上升趋势，即2000—2012年上升、2012—2013年下降、2013—2018年上升；珠海的生产性服务业就业人数占比呈现出稳定上升的趋势，2018年突破了20%，达到22.17%；东莞在观测期内波动幅度较大，2012年以前就业人数占比在20%的水平上小幅波动，到2013年突然下降至8.84%，此后缓慢上升，到2018年仅达到10.40%。

分析2003—2018年珠三角城市群生产性服务业中交通运输业增加值、仓储和邮政业增加值、批发零售贸易业增加值和金融业增加值占珠三角GDP的比重变化趋势可以发现，批发零售贸易业增加值占比较高，在观测期内均高于另外两个产业，在2009—2018年，在10%～12%的区间内波动；金融业增加值占比逐年升高，在2003—2016年，从4.36%上升至8.99%，到2018年小幅下降至8.66%；在2003—2013年，交通运输、仓储和邮政业增加值呈现下降趋势，自2014年后在4%的水平内小幅波动。广州与深圳作为珠三角城市群内现代服务业的发展中心，这两个城市的金融业在GDP中的占比均保持在较高水平，已成为珠三角城市群的区域金融中心。

分析2003—2018年珠三角城市群广州与深圳金融业增加值占GDP比重的变化趋势发现，广州在观测年份中金融业的占比呈现逐年上升趋势，到2018年达到9.90%，高于2003年5.57个百分点；深圳在2005—2015年，金融业增加值占GDP的比重增长了8.12个百分点，2007年后深圳的金融业占比均大于10%。

从第三产业内部结构分析可以了解到，现代服务业对于经济增长的贡献率保持在较高水平，第三产业的就业人数在近年来呈现了上升的趋势。在生产性服务业占比中，广州和深圳金融业对于经济增长的贡献率逐年升高，形成以广州和深圳为金融中心，辐射带动其他城市金融服务业一体化的发展趋势。现代服务业的发展已成为珠三角城市群经济增长的主要动力，应进一步打造现代服务业与先进制造业和现代农业相结合的现代产业体系，为产业的转型升级提供有力的保障；同时，为环珠三角城市群经济的发展提供高质量的服务与中间品的投入，通过中心城市的辐射带动作用推动区域经济的快速发展。

3.1.4　产业体系特征分析

在以上珠三角地区产业空间的结构特征分析中可以发现，现代产业体系在珠三角地区中初具规模，这不仅有地方政府政策规划的作用，而且有产业结构、产业链变动的原因。在工业发展过程中，中心城市广州与深圳近年来制造业比重下降趋势明显，转而以生产性服务业发展为主导，而佛山、江门、惠州、东莞等周边城市，第二产业占比远远高于中心城市，形成了生产性服务业和制造业的“中心-外围”模式，即制造业逐渐因为中心城市生产生活成本上涨，转移至周边地区发展，使中心地区有更多空间与环境发展新兴产业和生产性服务业，从而为周边地区提供更好的服务。产业结构的空间演化揭示出了现代产业体系中的产业空间体系的构成部分，即在城市群中各个城市具有不同功能属性，周边地区作为制造业转移承接地，可通过产业转移拓展产业技术，以技术构成新的产业链条，联合区域内具有关联性产业共同发展，而中心城市则起到服务、调节和组织的作用，通过知识与技术的溢出效应为周边地区输送高质量的中间投入品，这些组织与产业空间网络共同构成了城市群产业空间体系，使城市群形成具有综合职能、产业协调发展以及结构效应的空间载体。在制造业结构的变化中，产业结构逐渐由低端化向高端化发展，信息化产业在珠三角地区的发展水平逐年升高，而纺织业、食品制造业等低附加值劳动密集型产业占比逐渐下降，高能耗高污染产业逐渐被淘汰，生产性服务业的发展水平无论是在珠三角核心城市群还是在环珠三角城市群内的发展均呈现出增长趋势，金融业等产业的发展建立了企业间、产业间，甚至是区域间沟通的桥梁，这些都体现了珠三角产业技术体系向着更加智能化、信息化以及符合大众需求的个性化发展，并推动经济发展形势向绿色化以及可持续循环型转变。从产业空间结构的变化特征，可以逐渐清晰地看到现代产业体系的发展，并结合产业技术体系与产业空间体系共同作用于经济的发展。

产业的发展和产业结构的演变都将作用于现代产业体系的形成，而这些变化也将作用于产业共聚。产业共聚本就是经济活动的空间集聚现象，是以产业的发展为前提、技术的革新为动力，结合产业关联与空间关联共同作用下的产物。产业共聚亦可推动现代产业体系的建设，产业共聚可通过产业融合、产业链横纵向发展共同作用于现代产业体系，而城市群现代产业体系的形成与发展又为产业共聚提供了良好的技术创新环境与空间载体，无论是在专业化产业共聚中还是在多样化产业共聚中，都离不开现代产业体系带来的结构升级与协调发展效应，二者相互促进、相互连接，而科学合理地测量产业共聚指数，将有助于城市群产业空间治理和现代产业体系的合理建设。因此，下文将着重探讨产业共聚指数的测算及其影响因素。

3.2　产业共聚水平测度与分析

产业共聚是产业发展与结构升级的一种表现，珠三角地区经济增长的方式已形成制造业和服务业共同发展的“双轮驱动”模式，无论是单一产业内细分行业的共聚，还是多样化产业间的共聚，都能够在一定程度上影响区域经济的增长。因此，科学合理地对产业共聚指数进行测算，是了解产业空间结构的基础工作，对区域空间产业的合理规划与布局有重要的研究意义。

3.2.1 产业共聚测度方法选择

关于产业集聚指数的指标选取与构建，过往学者根据研究内容的不同贡献了多种方法。Delgado 等（2016）将产业共同集聚的测度分为两类，即离散空间单元和连续空间单元的测算方法[1]，基于离散空间单元的测度方法有：EG 指数（Ellison，Glaeser，1997）、C(r) 指数（Devereux 等，2004）、XCL 指数（Howard 等，2016）等；基于连续空间单元的测度方法有：DO 指数（Duranton，Overman，2005）、γ 指数（陈国亮等，2012）、DCL 指数（Kopczewska，2016）等。刘春霞（2006）在对产业地理集中度测算方法进行研究时，将产业集聚的测算方法分为基于单一地理尺度的方法和基于距离的多空间尺度方法[2]。他认为，基于单一地理尺度的集聚测算方法的特点是，只能测算人为规划或自然界限规划的单一地理单元上经济活动的空间分布特点，以 EG 指数、MS 指数、赫芬达尔指数（H 指数）和区位基尼系数（Locational Gini index）为代表；基于距离的多空间尺度方法实际上是将区域内企业的微观地理分布状态看作点，通过这些点来了解区域产业的整体分布状态，其代表是 Ripley（1976）的 K 函数，以及后人在此基础上对其进行修改而产生的 L 函数、D 函数、M 函数（Besag，1977；Diggle，1991；Marcon，2003b）。张琳彦（2015）将产业集聚的测算方法分为三类，第一类是基于总体经济活动的测算方法、第二类是基于距离空间的测算方法、第三类是空间自相关法，其中空间自相关法是指 Mroan's I 指数的测算，即从空间角度衡量事物的相关性和方向来判断产业在空间是否集聚的方法[3]。另外，胡健等（2013）对国内外主流的产业集聚测度方法进行考察，发现每一种产业集聚的测算方法都有其适用的范围和条件，在条件内的测度结果是可靠的，一旦超出测算方法的条件，产业集聚的测度便失去了科学价值[4]。Devereux 等（2004）对 EG 指数进行了修改与简化，构建了基于多个产业的 EG 共同集聚指数，即修正的 EG 指数，使产业共聚指标在测算时，不需要企业层面的微观数据即可测算[5]，该指数在研究中得到了广泛的应用（陈国亮等，2012；江曼琦等，2014；刘叶等，2016）。Stephen，

---

[1] DELGADO M，PORTER M E，STERN S. Defining clusters of related industries [J]. Journal of Economic Geography，2016，16（1）：1-38.

[2] 刘春霞．产业地理集中度测度方法研究［J］．经济地理，2006（5）：742-747.

[3] 张琳彦．产业集聚测度方法研究［J］．技术经济与管理研究，2015（6）：113-118.

[4] 胡健，董春诗．产业集聚测度方法适用条件考辩［J］．统计与信息论坛，2013，28（1）：27-31.

[5] DEVEREUX M P，GRIFFITH R，SIMPSON H. The geographic distribution of production activity in the UK [J]. Regional Science and Urban Economics，2004，34（5）：533-564.

Erik（2016）在 Wasserstein 距离测算方法的基础上，构建了测度产业共聚水平的 Colocalization 指数；该指数的提出是近年来产业共聚研究中的创新突破，属于连续空间单元指标，但算法与基于连续空间单元的测量方法大不相同，可以将该测算方法理解为一个全新的产业共聚度量方法。

基于离散空间单元和基于连续空间单元的产业共聚测度方法均存在各自的优势与局限性。首先，基于离散空间单元的产业共聚测度方法，对于以行政区划分为空间测量范围的共聚指数具有研究价值和现实层面的指导意义，特别是在对于区域经济中产业结构的升级调整、空间合理布局和经济发展增质增效的分析中，因此该方法备受国内外学者青睐。基于离散空间单元的产业共聚测度方法存在 MAUP 问题，即选取的区域范围、数量、规模等变化会影响测量的结果，在行政规划的空间内测算很有可能超出划定的空间范围，该结果可能也与人口或地理范围规划的结果不同。其次，基于连续空间单元的产业共聚测度方法，具有不受地理空间范围限制的特点，克服了基于离散空间单元的产业共聚测度方法的 MAUP 问题，可以在任意空间尺度上衡量经济活动的空间分布情况，对集聚模型有更好地解释力，也可以更好地探究产业间的共聚效应或者分散效应。但该方法的缺点是数据获取难度较大且具有复杂的计算过程，对于数据的要求很高，需要精确的企业微观地理信息数据，还需要计算置信区间检测结果的显著性。因此，该方法很难推广，在学界中的研究成果较少。

通过珠三角产业空间特征和产业共聚测量方法分析，结合珠三角城市群产业从单一化到多样化的发展趋势，以及产业共聚的概念，基于数据的可得性，分别构建适用于本书的专业化产业共聚测度和多样化产业共聚测度的方法。本书参考 Stephen，Erik（2016）构建的 Colocalization 指数，以改进的 Wasserstein 距离测算方法为基础，结合假设检验方法和蒙特卡罗模拟方法，通过获取反实施样本集，进一步构建了专业化产业共聚 Coagg 指数，该指标能够体现工业产业下细分行业的共聚水平。此外，本书还参考 Devereux 等（2004）的方法，运用修正的 EG 指数构建了多样化产业共聚 MScoagg 指数，反映制造业与生产性服务业共同集聚水平，下面介绍具体测度方法。

3.2.1.1　专业化产业共聚 Coagg 指数

基于 Colocalization 指数（简称“Coloc 指数”），在 Wasserstein 距离测算基础上，加入不动点迭代与熵正则化约束项的方法进行改进，并通过假设检验与蒙特卡罗模拟方法构建专业化产业共聚指数（Coagg 指数）。Coloc 指数的大小取决于 Wasserstein 距离的测算，具体来说，Wasserstein 距离度量了某一产业位移到另一产业空间相似性的统计显著性大小。

Wasserstein 距离的一般数学表达式是：对于定义在复平面 S^n 上的概率分布

$p(x_1)$和$q(x_2)$，即$S^n \times S^n$上的联合分布$\Lambda(x_1, x_2)$，并且同时满足p和q是该联合分布的边缘分布。对于$\forall k \geqslant 1$，p和q之间的 Wasserstein 距离被定义为：

$$Wass_k(p(x_1),q(x_2)) = \left(\inf_{\lambda(x_1,x_2)\in\Lambda(x_1,x_2)}\int_{R^n \times R^n} d(x_1,x_2)^k \lambda(x_1,x_2)\mathrm{d}x_1\mathrm{d}x_2\right)^{\frac{1}{k}} \tag{3-1}$$

在计算 Wasserstein 距离时，以线性规划的方法求解，其核心意义是求得联合分布$F(x_1, x_2)$中的最小距离。在两个连续分布条件下，Wasserstein 距离在同规模样本测算时，选取随机抽样的方法计算；在两个离散分布条件下，则对分布进行归一化后加以计算。

在计算 Wasserstein 距离时，要求既要保证其精确度在较高水平，亦要降低其计算的复杂度。然而，在实际中，无论是连续分布还是离散分布的计算，都取决于样本的规模，线性规划计算的结果不满足上述精确度和复杂度的要求。以提高精确度为前提，最大限度地缩减测算时间为首要解决的问题。在解决该问题时，Sinkhorn（1964）提出了不动点迭代与增加熵正则化约束项的方法，而 Cuturi（2013）将该方法用于改善运算的方式，此后在 Carlsson 等（2018）的实际运算中将其进一步的完善，Luise 等（2018）则验证了使用 Sinkhorn（1964）的方法后，在经过 Wasserstein 距离的运算结果具有稳健性。那么，增加熵约束项后的 Wasserstein 距离表达式为：

$$Wass_k(p(x_1),q(x_2)) = \left(\inf_{\lambda(x_1,x_2)\in\Lambda(x_1,x_2)}\int_{R^n \times R^n} d(x_1,x_2)^k \lambda(x_1,x_2)\mathrm{d}x_1\mathrm{d}x_2 - a\psi(\lambda)\right)^{\frac{1}{k}} \tag{3-2}$$

其中，$\psi(\lambda)$被定义为联合分布$\Lambda(x_1, x_2)$的熵约束：

$$\psi(\lambda) = -\int_{R^n \times R^n}\lambda(x_1,x_2)\ln\lambda(x_1,x_2)\mathrm{d}x_1\mathrm{d}x_2 \tag{3-3}$$

通过熵约束项$\psi(\lambda)$让距离公式为严格凸函数，因此，式（3-3）一定存在唯一最优解。

进一步定义核密度函数：$\gamma(x_1,x_2) = \mathrm{e}^{-cd(x_1,x_2)^k}$，当$\forall c>0$时，该函数正定，将其代入式（3-2）中可得：

$$Wass_k(p(x_1),q(x_2))_\gamma = \left\{\inf_{\lambda(x_1,x_2)\in\Lambda(x_1,x_2)}\int_{R^n \times R^n}\lambda(x_1,x_2)[a\ln(\lambda(x_1,x_2)) - \ln(\gamma(x_1,x_2))/c]\mathrm{d}x_1\mathrm{d}x_2\right\}^{\frac{1}{k}} \tag{3-4}$$

式（3-4）是 Sinkhorn 算法的熵正则化 Wasserstein 距离测算公式，在实际求解中通常令$c=1/\alpha$，α为经验值，$\alpha=1$。具体而言，在研究产业空间共聚时，设$k=2$，二维空间下，实际上$Wass_{i,j}$在空间上的含义就是：如何将i产业的空间分

布改为 j 产业的空间分布消耗的最小成本的问题。由于 i 和 j 产业的规模存在差异，以 Billings 等（2016）的处理方法为参照，将 i 和 j 产业的分布进行归一化处理，即归一化 $1/N_i$ 和 $1/N_j$ 的加权，其中 N 为各产业的企业数量。

Coloc 指数被引入产业共聚测度领域时使用的是较为基础的线性规划算法，计算结果的稳定性和精确性都存在显著问题。为了解决该问题，将 Wasserstein 距离的测算引入到机器学习算法中，称为机器学习最优传输距离算法，可以提高其精确性。2017 年康奈尔大学的 Martin 团队将 Wasserstein 距离的测算放入机器学习算法的 GAN 训练中（Martin 等，2017），开创了机器学习的新算法，即 WGAN 算法，该算法的诞生被各领域学者广泛应用于人脸识别、辅助驾驶等机器学习训练领域（彭希帅，2019；He 等，2019）。机器学习最优传输距离算法经过学者们的不断研究与发展，该算法的精确度得以提高，不断对其计算的理论基础加以研究与补充，在算法技巧上有了质的飞跃，在学术界的应用程度也随之提高，可以说机器学习最优传输距离算法在不断发展中日趋成熟。

基于 Coloc 指数基础上，构建专业化产业共聚 Coagg 指数。为了进一步观测产业是否共聚，采用构建反事实样本的方法建立 i 和 j 产业的共聚指数，并给出产业共聚指数的原假设 H_0：在给定产业 i 的空间分布下，i 和 j 产业的空间相似性不显著，i 和 j 在空间上不共聚。备择假设 H_1：在给定产业 i 的空间分布下，i 和 j 产业具有显著的空间相似性，i 和 j 产业在空间上是共聚的。

以该假设为前提，运用蒙特卡罗（Monte Carlo）模拟方法对原假设进行条件集合的构建，是指在 R^2 中随机选择 i 产业的产业区位集 δ，δ 称为模拟产业集合。δ 满足：条件一，δ 与 j 的企业数量相等；条件二，为了控制产业区位点集因其他不可控因素的影响，δ 是随机选取的，即在空间内已知企业所在点的集合内随机抽样。上述方法均参考自 Duranton，Overman（2005）和 Stephen，Erik（2016）。

因此，在空间中已知企业所在点的集合内随机选取 N_j 个区位点形成模拟产业区位集 δ。i 产业的模拟产业集合 δ 的 Wasserstein 距离可以表示为 $Wass_{i,\delta}$，对该过程进行 1000 次反复随机抽样，得到 1000 个产业组距离 $Wass_{i,\delta}$，其中 i 产业的选址与 δ 是不相关的，并通过 1000 次测算得出的 $Wass_{i,\delta}$ 为原假设条件集。已知 i 和 j 产业的 Wasserstein 的距离为 $Wass_{i,j}$，将 $Wass_{i,j}$ 与 $Wass_{i,\delta}$ 相比较，当 $Wass_{i,j} < Wass_{i,\delta}$ 时，违背了原假设，其违背次数设为 r，那么产业共聚指数可表示为 $\text{Coagg}_{i,j} = r/1000$。当 $Wass_{i,j} < Wass_{i,\delta}$ 发生的次数高达 95% 时，拒绝原假设接受备择假设，i 和 j 产业的空间相似性达到 95%，即代表了 i 产业向 j 产业的共聚。也就是说，当产业共聚指数 $\text{Coagg}_{i,j}$ 中的 j 为 0.95 时，即在蒙特卡罗模拟过程中，拒绝原假设而选择备择假设的频率为 0.95，以该频率近似定义 i 产业向 j 产业共聚的可能性概率。值得注意的是，基于该方法测算的产业共聚具有方向性，基于 i 和 j 产业测算的 $Wass_{i,j} = Wass_{j,i}$，但产业共聚指数所表示的含义不相等，即

$Coagg_{i,j}$是以 j 产业的数量 N_j 为基础的，$Coagg_{j,i}$则是以 i 产业的数量 N_i 为基础的。因此，在区域空间内计算 x 个产业间每两个产业的共聚的指数时，计算的次数为 $x(x-1)$ 次，每一组产业在计算时会产生两个共聚指数结果，即不同方向的共聚指数。

基于机器学习最优传输距离算法测算的 Coagg 指数具有以下优点：（1）该指数的测算方法可以克服 MAUP 问题，该方法采用了微观企业的地理信息，可以在任意空间内计算产业共聚指数，不受行政区域的限制。（2）该指数更加客观，与 DO 指数使用的蒙特卡罗模拟方法一样，但摒弃了为每个距离单位建立置信区间的主观方式，而是以统计学的假设检验方法更加客观和科学地进行测算。（3）该指数具有矢量性特征，前文提到的一组产业中 *Wass* 距离相等，但产业共聚指数意义不同，是既具有大小又具有方向性的。也就是说，该指数既能从共同集聚角度研究产业空间布局，又保留了产业共聚的方向性特征。（4）该指数能够清晰地描绘出珠三角城市群内工业产业的结构和动态变化趋势，是兼具创新性、科学性和客观性的研究方法。（5）该指数能够拓展区域经济学和产业经济学研究的深度与广度，可以通过更科学的方法观测区域空间的工业结构，对于经济学的研究有着重要的意义。

3.2.1.2 多样化产业共聚 MScoagg 指数

本书借鉴 Ellison，Glaeser（1997）和 Ellison 等（2010）的研究方法，通过修正的 EG 指数构建了多样化产业共聚 MScoagg 指数，用于衡量城市群中各城市制造业与生产性服务业的产业共聚水平。为了方便后文的研究，将 MScoagg 指数作为核心变量，应用于本章与本书第 5、6 章的实证分析中。表达式如下：

$$\text{MScoagg}=\frac{1-|LQ_{ni}-LQ_{nj}|}{|LQ_{ni}+LQ_{nj}|}+[LQ_{ni}+LQ_{nj}] \tag{3-5}$$

式中，LQ_{ni}为 i 产业在 n 城市的集聚度；LQ_{nj}为 j 产业在 n 城市的集聚度。

这里，本书选取区位熵指标来衡量产业集聚度水平，即 $LQ_{ni}=(s_{in}/s_n)/(s_i/s)$，$LQ$ 为区位熵，s_{in}为 n 地区 i 产业就业人数，s_n 为 n 地区总就业人数，s_i 为 i 产业珠三角地区就业人数，s 为珠三角地区总就业人数。显然，该指数值越大表示产业共同集聚水平越高；值越小则表示产业共聚水平越低。本书中区位熵指标分别为制造业集聚度（MLQ）和生产性服务业集聚度（SLQ）。

本书建立的多样化产业共聚 MScoagg 指数的优势在于，从微观的工业企业的空间共聚特征事实上扩展到多样化产业共聚的宏观布局以及多元化产业发展的新趋势上，即衡量珠三角地区制造业和生产性服务业的共聚程度，拓展了 EG 指数只能根据工业企业微观数据测量的局限性，更加全面地描绘了多样化产业空间的特征。该指数能够从产业共同发展的质量和高度上衡量区域多样化产业共聚的情况，还能够通过计算制造业以及生产性服务业的区位熵，描绘制造业以及生产性服务业的空间布局及发展趋势，对于珠三角城市群多样化产业共聚的空间结构以及经济发展方向，有着重要的经济学意义。

综上所述，通过构建专业化产业共聚与多样化产业共聚指数，能够完整地分析珠三角城市群产业空间布局的时空演进特征，同时也为后文的实证分析提供可靠的依据。

3.2.2 测算范围与指标选取

3.2.2.1 测算范围

在产业共聚的测算中，一方面要考虑选取的测算范围是否具有其合理性和研究价值，另一方面要考虑其测算范围是否符合测算指标的要求。结合上文分析的珠三角产业空间变化可以发现，自改革开放以来，珠三角城市群作为我国重要的制造业基地，工业初期带动了珠三角地区的经济发展，其工业的快速发展是珠三角外向型经济的动因。随着经济的转型发展，对产业结构的升级与调整有了更多要求，产业的空间布局也随之改变，劳动密集型产业逐渐退出，生产性服务业的崛起将成为现在乃至未来珠三角城市群经济协调发展的重要推动力，珠三角城市群产业空间呈现出多样化的共聚模式。因此，基于企业在地理上的空间分布特征，以及珠三角城市群产业空间发展的总体特征，本书认为以珠三角城市群为视角计算产业共聚指数具有一定的研究意义。

参考已有研究，许多学者将产业共聚定义在国家、省级和城市的空间范围内（葛立成，2004；张志元等，2009；陈国亮等，2012；潘文卿等，2012），以城市群为产业共聚的空间尺度在近几年增多，主要集中于产业集聚与城市群经济发展和影响方面（马延吉，2010；郝俊卿等，2013；张云飞，2014；于斌斌，2015；吴亚菲等，2017；唐承丽等，2018），极少数学者将机器学习最优传输距离算法应用到城市群产业共聚的测量中。随着我国进入“十四五”时期，城市群的发展依然是我国经济发展最具潜力的核心增长极，在城市群建设被逐步提升至国家战略的过程中，产业共聚指数的测算对于准确把握城市群产业结构、厘清产业间互动关系和区域内部产业合理分工协作等问题具有重要的现实意义。此外，城市群是城市的空间组织形式，城市群打破了行政区划的限制，在城乡接合的较大空间内实现了经济的协调发展，在区域空间内能够更快地实现资本、信息、劳动力等要素的流动，弥补各城市间的功能空缺，将鼓励发展的城市联动在一起，形成更具有竞争优势和多样化功能的区域（宁越敏，2011）[1]。越来越多的学者认识

[1] 宁越敏. 中国都市区和大城市群的界定——兼论大城市群在区域经济发展中的作用［J］. 地理科学，2011，31（3）：257-263.

到，城市群的发展是推动我国经济发展的重要动力（顾朝林，2011；方创琳，2014）[1][2]。在 Stephen，Erik（2016）的研究中，以美国大都市功能区为空间尺度，测算了“丹佛—奥罗拉—莱克伍德”大都市功能区的共聚指数，大都市功能区与中国的城市群概念类似，所以本书选取城市群为空间尺度也具有一定的国际意义。

值得注意的是，虽然基于机器学习最优传输距离算法构建的专业化产业共聚指数可以在任意空间内进行产业共聚指数的测算，但在实际测算过程中仍要主观选择测算的范围，且基于修正的 EG 指数构建的多样化产业共聚指数在测算时也要选定其合理的测算范围，因此，选取珠三角城市群作为本书研究产业共聚指数的测算范围。由于可得数据的局限性，生产性服务业微观数据缺失，根据现有的工业企业微观数据可以通过机器学习最优传输距离算法进行测算，直观地分析工业细分行业的产业共聚水平与发展变化，但无法体现多样化产业共聚的发展状态。本书结合研究需要，构建了以工业产业共聚及其细分行业共聚为研究重心的专业化产业共聚指数、以制造业与生产性服务业共聚为研究重心的多样化产业共聚指数。产业共聚指数的具体测算范围如下：

（1）专业化产业共聚指数的测算范围。结合珠三角城市群产业空间的总体特征与产业转移战略分析，工业仍占据珠三角城市群以及环珠三角城市群的主导地位，因此，为了更全面地观测珠三角城市群工业产业共聚的空间分布及时空演进趋势，在确定专业化共聚 Coagg 指数的测算范围时选取珠三角城市群 9 个核心城市，以及环珠三角城市群的 5 个城市，共 14 个城市作为专业化产业共聚 Coagg 指数的测算范围。

（2）多样化产业共聚指数的测算范围。受数据可得性原因的影响，珠三角 9 个核心城市的生产性服务业相关数据较为全面，而在环珠三角的 5 个城市的生产性服务业中，部分产业的就业人数有大量缺失的情况，如果利用插值法补全，可能导致后续实证研究的偏误。为了测算多样化产业共聚 MScoagg 指数的准确性，在计算时选取珠三角 9 个核心城市为测算范围。

3.2.2.2　指标选取与数据来源

（1）专业化产业共聚指数。企业是组成产业的最小微观地理单元，专业化产业共聚指数的数据选取是基于微观企业的空间地理信息进行测算的，利用 EPS 数据库的中国微观经济系统下的中国工业企业数据库，查找企业的微观基本信息。本书选取 2008 年和 2014 年珠三角全部国有工业企业和规模以上非国有工业

---

❶ 顾朝林．城市群研究进展与展望［J］．地理研究，2011，30（5）：771-784.

❷ 方创琳．中国城市群研究取得的重要进展与未来发展方向［J］．地理学报，2014，69（8）：1130-1144.

企业的相关数据，参照已有研究，剔除工业总资产、固定资产和总资产为 0 值、负值和缺失的企业，再根据会计准则，剔除不符合标准的企业（Brandt 等，2012）❶。由于各地区产业的差异性和统计的全面性原因，各城市内三位数产业均不相同。将符合要求的企业，通过百度地理编码地址转到经纬度的平台，获取珠三角城市的工业企业的微观地理信息。获取各城市工业企业微观经纬度时，参考陈露等（2020）的做法，以“名称—地址—所在地”的步骤匹配，将企业名称作为首要获取条件，若无该企业解码经纬度，即添加企业的详细地址一起查询；如果还无法搜索，则最后以企业的所在地（市、辖区、县）的经纬度为准。

（2）多样化产业共聚指数。我国生产性服务业行业总产值数据并不全面，采用制造业以及生产性服务业总产值比重来衡量多样化产业共聚并不合适，因此，根据式（3-5）和区位熵计算公式，选用珠三角城市群 9 个核心城市内各产业城市单位从业人员比重来衡量该指标。其中，生产性服务业的范围选取，参考《生产性服务业统计分类（2019）》(国统字〔2019〕43 号)，选取批发零售业、交通运输业、仓储和邮政业、信息传输、软件和信息技术服务业、金融业、租赁和商务服务业、科学研究和技术服务业、节能与环保服务业等，数据来源于 2000—2019 年各城市统计年鉴、《广东统计年鉴》和《中国城市统计年鉴》。

3.2.3　专业化产业共聚测算结果分析

利用 2008 年和 2014 年珠三角城市群工业企业数据，测算珠三角地区内 14 个城市中同大类三位数产业和不同大类三位数产业间的共聚水平。将不同大类（二位数）行业内的中类（三位数）产业间共聚定义为不同大类产业共聚，将同大类（二位数）行业内的中类（三位数）产业间共聚定义为同大类产业共聚。

3.2.3.1　专业化产业共聚总体水平分析

2008 年，在珠三角城市群内一共测算了 11476 组中类产业之间的共聚指数，共有 152 个中类产业，包括同大类产业 778 组和不同大类产业 22174 组。由于机器学习最优传输距离算法的专业化产业共聚指数是具有方向性的，所以在实际中是 45904 个结果。在结果之中，最小值为 0 出现的次数为 626 次，占总共聚指数数量的 2.73%，表示产业间无共聚趋势；最大值为 1 出现的次数为 283 次，占总共聚指数数量的 1.23%，表示产业在空间上是共聚的；满足显著共聚条件的，即

❶ BRANDT L, BIESEBROECK J V, ZHANG Y. Creative accounting or creative destruction? Firm-level productivity growth in Chinese manufacturing [J]. Journal of Development Economics, 2012, 97 (2): 339-351.

Coagg≥0.95，共有2533个，占总共聚指数的22.07%，包含交互共聚133组，占总显著共聚指数的9.2%。同大类产业共有778个结果，显著共聚共有87个结果，占总显著共聚的11.05%，其中交互共聚3组，占同大类产业共聚显著共聚的3.49%；不同大类产业22174个结果，显著共聚有2446个结果，占总显著共聚的11.03%，其中交互共聚共有130组，占不同大类总显著共聚的10.63%。

从时间纬度上看，专业化产业共聚的发展趋势也是在不断演变的。因此，本书还测度了2014年珠三角城市群内182个中类产业间的共聚水平，共有32942组中类产业的共聚结果，其中同大类产业为1008组、不同大类产业为31934组，实际运算了65884个结果。产业共聚最小值为0，出现了185次，占总共聚指数数量的0.5%；最大值为1出现1076次，占总共聚指数数量的3.2%。产业共聚指数符合显著共聚要求的有5418个结果，占总共聚指数的16.45%，含有显著交互共聚430组，占总显著共聚的7.94%。同大类产业显著共聚有156个结果，占同大类显著共聚指数结果的15.48%，含有显著交互共聚50组，占同大类显著产业共聚指数的32.05%；不同大类显著产业共聚指数结果有5262个，占全部不同大类产业共聚指数的16.47%，其中含有显著交互共聚810组，占不同大类产业显著共聚指数的15.35%。从以上数据可以看出，在专业化产业共聚因产业的异质性而使产业共聚指数有所变化，2008年同大类产业显著共聚指数与不同大类产业共聚指数水平差别不大，2014年不同大类产业显著共聚指数水平要高于同大类产业共聚指数水平，同时略高于总产业共聚指数水平。

为了进一步更好地观察珠三角地区的产业共聚总体分布水平，本书构建了核密度函数，核密度估计方法的优势在于，对数据的分布不附加任何形式的假定，是从数据本身角度观测的样本分布方法。前文已提到，产业共聚最小值为0、最大值为1，那么在横坐标上，越靠近0表示产业呈现分散的趋势，越靠近1表示产业共聚水平越高。2008年的珠三角城市群密度分布波动较大，总体上呈现出左低右高的波动趋势，但产业共聚的趋势强于产业分散的趋势。这与2008年这一特殊时期有关，珠三角属于外向型经济，2008年金融危机后，给产业的发展造成严重打击，且多数产业处于转移趋势，同类产业横向发展较为困难，因此不同类产业的地理集中便显露出来。不同大类产业共聚指数与总产业共聚指数高度重合，二者之间的分布差别不大，区别在于其分散效应上的表现更弱，而共聚效应的表现更强。从2008年和2014年中均可以看出，珠三角城市群的不同大类产业的共聚水平要高于同大类产业的共聚水平，但在分散效应上，2008年的不同大类产业共聚水平更分散，且分散效应更加明显，而2014年的不同大类产业分散效应低于同大类产业。2014年，珠三角城市群的产业共聚总体分布呈现左低右高趋势，相比于2008年该趋势更加明显，在0～0.2的密度分布要低于2008年，说明不管是同大类产业还是不同大类产业的分散效应有所减弱，且同大类产业的分散效应要弱于不同大类产业。总体上看，2014 年珠三角城市群的产业共聚水平更强，分散效应更弱，相较于 2008 年，显著共聚水平与交互共聚水平的数量也有所增加。

3.2.3.2 同大类产业共聚水平差异分析

同大类产业共聚水平的差异性分析是对珠三角地区产业的纵向比较，采用两种分析方法，其一是，2008 年和 2014 年珠三角城市群同大类产业显著共聚频次分析；其二是，2008 年和 2014 年珠三角城市群同大类产业技术密集型产业和劳动密集型产业的典型产业的共聚水平分析。

第一，同大类产业显著共聚水平频次分析。将同大类产业下中类行业的共聚频次汇总，进一步得到同大类产业的频次。可以发现，2008 年同大类产业内通用设备制造业、专用设备制造业、计算机制造业、非金属矿物制品业和纺织业的共聚频次处于较高水平，相比之下，2014 年产业类别有所增加，同大类产业之间的共聚水平也有所提高，计算机制造业的共聚频次从 2008 年的 12 次增加至 2014 年的 34 次，食品加工业的共聚频次由 2008 年的 2 次增加至 2014 年的 14 次，而 2014 年新增产业电气机械制造业的共聚频次达到 22 次，仅次于计算机制造业的共聚频次。随着经济的发展、产业的变迁，珠三角城市群的产业种类逐渐增加，在同大类产业显著共聚水平下，2008 年仅有 17 个产业，而 2014 年有 22 个产业。值得注意的是，大类产业的增加还包括了大类产业下中类产业的增加，产业种类的增加使产业内的纵向发展更加深入，联系也更加密切。同大类显著产业共聚频次越多，表示该产业在显著共聚水平内的纵向发展配合较深入，产业链持续延伸，专业化程度较强；反之，则专业化发展有待提高。当然，如果用显著共聚频次判断产业的专业化程度还有待探究，但以产业的地理集中论来看，同大类产业内的中类产业共聚对于该大类产业是有一定正向影响的，例如在协同合作、提高整体产业核心优势等方面的作用（郑勇军等，2006）[1]。计算机产业的显著共聚频次在 2014 年中有明显的增加，这与地方产业鼓励政策、人力资本、产业结构的升级与发展都密切相关。

第二，同大类劳动密集型、资本密集型和技术密集型典型产业共聚水平差异分析。根据产业的特征进行划分，参考《国民经济行业分类标准》(GB/T 4754—2017）和已有研究中东童童（2019）和刘汉初（2020）划分标准，将珠三角地区包含的所有产业类型划分为三大类，其中制造业再细分为四类。根据同大类产业共聚水平分析发现，在珠三角城市群内同大类产业共聚水平有明显差异，选

[1] 郑勇军，汤筱晓．集群间产业链整合：提升产业核心优势的重要途径——以中国沿海地区计算机制造业集群为例［J］．工业技术经济，2006（7）：61-64.

取2008年和2014年劳动密集型、资本密集型和技术密集型产业内共聚频次高的典型产业，通过对同大类产业下不同中类产业的共聚水平汇总求均值，进一步得到三种产业的共聚水平差异，以此来对同大类产业之间的共聚水平做横向比较。

这里以2008年和2014年的食品制造业和纺织业作为劳动密集型产业的代表，通用设备制造业和专用设备制造业作为非污染型资本密集型产业的代表，化学原料制造业以及黑色金属加工业为污染型资本密集型产业的代表，计算机制造业、医药制造业和电气设备制造业作为技术密集型产业的代表，其中电气设备制造业为2014年新增产业，仅在2014年中作比较。2008年技术密集型产业的共聚水平均要高于劳动密集型和资本密集型的产业共聚水平。到2014年食品制造业共聚水平有所下降，但纺织业产业内共聚水平有所提升，总体上，劳动密集型产业内的共聚水平有所提升；非污染型资本密集型产业中专用设备制造业的共聚水平有明显提高，但通用制造业的产业共聚水平呈现下降趋势，但总体上呈现出增长趋势；对于污染型资本密集型产业，2014年化学制品制造业和黑色金属冶炼和压延加工业的总体共聚水平有所增长，这是因为两个产业都属于重化工业，且重化工业产业链较长，产业链内部联系较紧密，该产业的厂商进行选址时需要考虑地区专业化效应和技术外溢效应，所以在同一空间区域下的共聚水平较高；2014年计算机制造业的共聚水平已达到显著共聚水平，纺织业的共聚水平较2008年也有所增长。电气机械及器材制造业为2014年新增产业种类，其共聚指数达到0.854，在同大类产业中的空间共聚水平上有较好的发展趋势。

总体上，2014年同大类产业内的共聚水平要高于2008年总体产业内共聚水平，进一步说明了珠三角城市群在产业链的延伸上有所进步。技术密集型产业如计算机制造业，在2008年和2014年的共聚水平均高于劳动密集型产业，表示其在空间内的集聚程度较高，其原因可能是由于技术外溢效应导致的；技术外溢会使技术密集型产业在进行企业选址时存在博弈过程，即技术外溢效应的产生随距离的增加而减少，技术密集型产业的选址更倾向于地理集中，从技术外溢中获得更多利益，这也是造成其空间高度集聚的原因。同样地，以技术边际产量的提高为前提，技术密集型产业的分工越细化，其产业的空间集聚程度越高，有循环累积的趋势（高鸿鹰等，2010）[1]。这就解释了在2008年和2014年间，像计算机制造业等技术密集型产业在珠三角城市群内共聚水平较高的现象，且随着时间的变化，共聚趋势将进一步加强，即2014年共聚水平高于2008年的现象。技术外溢效应促使珠三角城市群内的计算机制造业企业在选址时有地理集中的趋势，而

[1] 高鸿鹰，武康平．技术密集与制造业集聚：一个基于中间厂商博弈的分析［J］．产业经济研究，2010（3）：10-16.

2014 年计算机制造业产业内的中类产业有所增加，这一现象代表了产业链的发展更加完备、分工更加精细，自然对共聚水平产生了循环累积的因果效应。相对于技术密集型产业，劳动密集型产业在 2008 年金融危机爆发后有所下降，企业的倒闭和出口贸易受阻，对产业的共聚水平产生了一定的影响，直到 2014 年纺织业的共聚水平有所增长。这一现象的产生可能是因为经济水平的恢复和地区发展水平的提高，对于劳动密集型产业的集聚程度有着正向的影响。

3.2.3.3　优势产业的共聚水平分析

通过以上分析可以看出在同大类产业共聚中，被共聚的频次较高的产业可以看作是该产业内部的空间集聚性较强，产业内实现了进一步的深化分工，从而使同一产业下分离出不同的生产部门，最后作用于产业链的纵向延伸上，而不同大类产业的共聚频次分析与同大类分析在其解释上是存在差异性的。如前文所述，产业共聚可以是同大类产业下细分行业的共聚，也可以是不同大类下中类产业的共聚，在不同大类下中类产业的共聚可以看作是对区域产业网络的进一步刻画，机器学习最优传输距离测算的专业化产业共聚水平是具有方向性的，即 $W_{i,j}$ 与 $W_{j,i}$ 的共聚水平表达的涵义不同。产业共聚在不同大类产业下的中类产业共聚可以按共聚频次分类，当某一产业与不同类产业的互动增加时，即共聚频次增加，那么该产业在产业结构中具有一定的竞争优势，该产业便为核心优势产业，而核心优势产业的变动可带动其他产业的发展并具有一定的影响力，使其他产业在空间上向其集聚；另外，核心优势产业在区域空间上具有的各要素禀赋优势可以带来“虹吸效应”，将不断地吸引具有相似要素禀赋的产业在其附近发展并产生共聚。因此，在研究不同大类下中类产业的共聚时，判断核心优势产业的产业类别，有助于进一步了解区域产业层次和产业网络的总体发展情况，有利于区域产业协调发展政策的制定。

在珠三角城市群产业内，将不同大类的中类产业显著共聚指数进行划分与汇总，通过计算中类产业的共聚频次并加总求得其所属大类的共聚频次，从而分析出珠三角城市群的前十位核心优势产业。2008 年与 2014 年排名前十的核心优势产业主要以劳动密集型产业和资本密集型产业为主。其中，劳动密集型产业是珠三角地区的核心优势产业，是珠三角地区产业转移造成的累积结果，即作为其他发达国家或城市内劳动密集型产业转移的承接地；资本密集型产业成为珠三角城市群的核心优势产业类型，是因为资本密集型产业的产业链较长，产品种类众多，生产工序繁琐且复杂，所以产业链上下关联的行业众多，跨行业的联系也更加密切。

在 2014 年，资本密集型产业包括非金属矿物制品业、通用设备制造业、专用设备制造业、铁路、船舶、航空航天和其他运输设备制造业。在技术密集型产业中，汽车制造业在2008年是核心优势产业，但2014年汽车产业并未成为核心优势产业。以广州为例，近年来广州作为珠三角城市群的核心发展地区，其汽车产业的发展控制了周边地区的上下游产业链供应，使珠三角地区整体形成了较为封闭的汽车产业供应链；随着汽车产业的转型升级，珠三角城市群汽车产业正面临严重的挑战，封闭式供应链的发展使其对外并未形成完备的汽车产业链，汽车产业核心优势也因此下降（李京文等，2019）❶，产业共聚水平也随着汽车产业的发展而有所变化，逐渐被排除在极具竞争力的产业之外。随着产业的发展，技术密集型产业在珠三角城市群内的发展更加细化，例如2014年新增的电气机械和器材制造业。此外，仪器仪表制造业的产业共聚水平也从2008年的第13位提升至2014年的第7位，可见该产业与其他产业联系更加密切了。值得注意的是，资本密集型产业中的污染型产业，包括黑色金属冶炼和压延加工业、化学原料和化学制品制造业，其中黑色金属冶炼和压延加工业属于十大重点污染行业之一，但在2014年重污染型产业共聚频次有所下降，该趋势的产生对于珠三角地区环境的发展是利好的。

为了更直观地分析珠三角2014年的优势核心产业空间结构，分别选取大类产业中的金属制品业（C33）、通用设备制造业（C34）和计算机、通信和其他电子设备制造业（C39）作为劳动密集型产业、资本密集型产业和技术密集型产业的代表，以产业共聚指数的方向性特征为前提，选取产业显著共聚指数构建区域产业互动关系图（见图3-1），其中单向箭头代表单向共聚，双向箭头代表交互共聚。

从图3-1中可以看出，金属制日用品制造（C338），烘炉、风机、包装等设备制造（C346）为珠三角地区被共聚频次最多的产业，与其他种类产业的联系最为紧密。在同大类产业共聚下，计算机、通信和其他电子设备制造业（C39）的内部联系最为密切，这代表了技术密集型产业能够通过知识与技术溢出效应和上下游产业链资源，强化产业内的共聚水平；金属制品业（C33）和通用设备制造业（C34）在产业内部的共聚频次相同，要弱于计算机、通信和其他电子设备制造业（C39），但二者与其他产业的联系都是十分紧密的。在不同大类产业间的共聚下，计算机、通信和其他电子设备制造业（C39）与其他产业联系最为频繁，技术密集型产业在所有行业中处于被需要的核心地位，其产业本身在选址时更倾向于选择地理邻近、经济发展较好与其他产业关联较强的区域；这是因为技术密集型产业的共聚有利于降低生产成本，同时也极易形成规模经济，在市场机制的作用下将产业内部不擅长的业务外包出去，产生更加专业化的效应（谢子远

---

❶ 李京文，杜时雨，杨正东．我国主要汽车产业集聚区核心优势分析［J］．统计与决策，2019，35（1）：133-137.

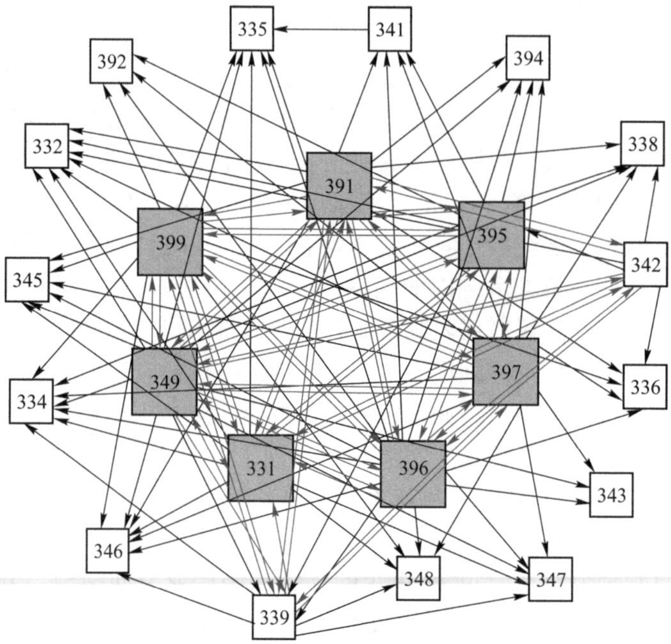

图 3-1　2014 年不同大类产业共聚指数下优势核心产业互动关系
（资料来源：作者通过 Visio 软件绘制）

等，2014）❶。

此外，技术密集型产业与制造业间的要素、组织、制度等具有耦合与关联机制，主要表现为三个方面：其一是技术密集型产业，特别是信息产业与制造业间可以共享资本、劳动力、技术等创新要素的关联，促进资本要素的合理分配以及劳动力分配，优化了产业结构，而技术的关联则表现为产业技术的融合和扩散效应；其二是二者在组织结构方面的关联，技术密集型产业与制造业在市场或业务上的关联可以模糊产业的边界，致使产业链终端的产业组织结构发生改变；其三是制度方面的关联，技术密集型产业可通过企业文化、教育交流、产权比重等制度因素，使其通过集聚与扩散效应进一步作用于传统产业，并使传统产业向现代化、高科技化的方向发展（陶长琪等，2015）❷。因此，技术密集型产业与其他产业的联系更为紧密，并能够为传统制造业提供转型升级的机遇，同时通过产业共聚使产业结构更加优化。

---

❶　谢子远，张海波．产业集聚影响制造业国际竞争力的内在机理——基于中介变量的检验［J］．国际贸易问题，2014（9）：24-35.

❷　陶长琪，周璇．产业融合下的产业结构优化升级效应分析——基于信息产业与制造业耦联的实证研究［J］．产业经济研究，2015（3）：21-31，110.

3.2.3.4　珠三角城市群各城市产业共聚水平差异分析

将珠三角地区 14 个城市内 2008 年和 2014 年包含的中类产业进行汇总，并将各个城市包含的相同中类产业的产业共聚水平加总平均，得到该城市的产业共聚水平均值（0.786）。再对均值进行归一化处理并进行排序，将珠三角城市群内 14 个城市划分为四个等级，利用 ArcGIS 软件，分析不同等级的产业共聚水平。

从数据结果可以看出，2014 年各城市的总体共聚水平均值要大于 2008 年。2008 年与 2014 年广州的总体共聚水平有所增长，广州为广东省省会城市，在地理上与 7 个城市相邻，即中山、佛山、肇庆、清远、韶关、惠州、东莞，其中包含珠三角城市群核心城市内的有佛山、肇庆、清远、中山、惠州、东莞，地理上的优势使其对周边城市有“虹吸效应”，吸引了更多的要素资源在广州集聚，进而资本市场和劳动力市场以及技术的提升都得到了充分发展的可能，且厂商在进行区位选择时，自然选择具有比较优势的区域发展，产业的数量与部门增多，最终使产业结构能够充分地进行纵向延伸和横向拓展，产业在空间上也更易产生共聚效应。相较于共聚水平的增长，云浮 2014 年共聚水平有所下降，2008 年云浮中类行业有 77 个，到了 2014 年云浮中类产业缩减至 66 个，可见产业的减少是导致其产业共聚水平下降的原因之一。另外，云浮地处珠三角城市群的外围，属于环珠三角城市，距离广州、深圳等经济发展较好的城市较远，其地理位置在一定程度上会影响自身的发展，不仅失去本身具有的一定要素资源优势（例如，人们更倾向于在大城市选择就业，导致本地劳动力市场空虚），而且不易吸引以劳动力为主的劳动密集型产业的集聚。河源 2008 年产业种类繁多，多集中于劳动密集型产业，到了 2014 年河源产业种类减少，更倾向于产业内的横向发展（例如 2014 年新增的纺织服装、服饰业，是纺织业产业链的细分行业）。虽然河源的产业内部集聚水平升高，但整体呈现扩散趋势，其原因可能是要素流动到广州等大城市中的原因。另外，受广州产业共聚带来的扩散效应影响，佛山、肇庆和东莞等地的产业共聚指数有所上升。

3.2.4　多样化产业共聚测算结果分析

本小节将利用多样化产业共聚 MScoagg 指数、制造业集聚度（制造业区位熵指数 MLQ）和生产性服务业集聚度（生产性服务业区位熵指数 SLQ），分析珠三角城市群生产性服务业和制造业共同集聚水平，并运用该指标作为后续实证分析的基础。

3.2.4.1　生产性服务业集聚与制造业集聚特征分析

对 2000—2018 年珠三角城市群 9 个核心城市的制造业集聚和生产性服务业

集聚总体情况及演变趋势进行分析，从整体趋势可以看出，第一，各城市制造业集聚度均值从 2000 年的 1.2491 到 2018 年的 1.0701，整体呈现先下降再小幅度波动上升的“U”形趋势。其中，最大值为 2000 年的 1.2491、最小值为 2013 年的 1.0281。第二，各城市生产性服务业集聚度均值从 2000 年的 1.0983 到 2018 年的 0.8974，除 2000—2004 年以外，总体呈现较为平缓的下降趋势。其中，最大值为 2001 年的 1.0998、最小值为 2013 年和 2015 年的 0.8820。

珠三角城市群多中心结构的生产性服务业集聚与制造业集聚特征分析。根据环保政策以及产业布局规划政策，珠三角城市群各级政府多次强调了珠三角城市群的多中心发展模式❶，即以三大经济圈“广佛肇、珠中江、深莞惠”共同促进区域协调发展的多中心空间结构。将广州、深圳作为经济发展的核心，以珠江口东西两岸为发展重点，推进区域经济一体化的进程，形成产业分工合理、优势互补的空间格局。为了便于观察珠三角城市群 9 个核心城市的生产性服务业与制造业集聚的特征，在政策规划的三大经济圈基础上，将核心城市分为三个圈层：以广州、深圳为制造业和生产性服务业的发展中心作为第一圈层；以紧密围绕第一圈层的佛山、肇庆、东莞和惠州作为第二圈层；以珠海为核心的沿海地区，珠海、中山和江门作为第三圈层。

（1）从第一圈层广州和深圳的生产性服务业集聚与制造业集聚的演变趋势中可以发现，广州和深圳制造业集聚整体呈现下降趋势，广州制造业集聚度最大值为 2001 年 1.0207，最小值为 2001 年 0.4342，均值水平处于 9 个核心城市的首位，达到 1.3927；深圳制造业集聚呈现缓慢下降的趋势，下降幅度小于广州，其中最大值为 2001 年 1.468、最小值为 2018 年 0.9283。广东生产性服务业集聚度呈现“N”形上升趋势，总体由 2000 年的 1.4718 上升到 2018 年的 1.5753，于 2012 年达到最低点 1.1737 后回升，但 2013 年后大幅度下降。深圳生产性服务业集聚度呈现出较为平稳发展趋势，其中 2002 年达到最低点 0.8615，2012 年达到最高点 1.1531，最高点和最低点相差 0.2916，差值较小。从第一圈层城市的生产性服务业集聚与制造业集聚演变趋势可以看出，广州和深圳作为珠三角经济发展的核心地区，低端价值的制造业集聚度逐渐缩小，取而代之的是以现代服务业为发展核心的生产性服务业的增长，这符合政策规划中的发展目标。

（2）从第二圈层佛山、肇庆、东莞和惠州的生产性服务业集聚与制造业集聚演变趋势可以看出，第二圈层城市的制造业集聚度均处于上升趋势，总体上呈现出“U”形上涨的特征，其中惠州制造业集聚度平均值最高为 1.4220；第二圈层城市的生产性服务业集聚度中，佛山、肇庆和东莞呈现出倒“U”形的下降趋

❶ 广东省人民政府.《珠江三角洲产业布局一体化规划（2009—2020 年）》的通知［R/OL］. 2010-02-18.

势，而惠州呈现出“N”形下降趋势，即由2001年的0.8972，下降至2007年的最低点0.462637，再上升至2013年的最高点0.7850后又下降至2018年的0.6848。由于珠三角城市群的产业转移政策以及区域发展规划的要求，使得大量的制造业转移至围绕广州和深圳两市的周边城市，推动了佛山、肇庆、东莞和惠州制造业集聚水平的上涨，而生产性服务业的发展可能受核心城市的吸引，其集聚度有所下降。

（3）从第三圈层珠海、中山和江门的生产性服务业集聚与制造业集聚演变趋势可以发现，第三圈层城市中，除中山以外，2012年后制造业集聚度呈现下降趋势，而中山制造业集聚度上升趋势较为明显；珠海和江门的生产性服务业集聚度呈现出较为明显的“U”形上涨趋势，中山呈现出“N”形上涨趋势，2013年以后中山生产性服务业集聚度从最低点0.4993回升至2018年的0.5817。根据珠三角第三圈层城市的产业定位，珠海、中山和江门分别为国家重大装备制造业中心和国家先进制造业基地，其装备制造业和先进制造业随着多年的发展呈现出上涨趋势，而配套的生产性服务业自然集聚趋势明显。

3.2.4.2 多样化产业共聚特征分析

通过2000—2018年多样化产业共聚（生产性服务业与制造业共同集聚）的总体情况及演变趋势可以分析出，多样化产业共聚MScoagg指数显示，珠三角城市群产业共聚水平较高，即产业共聚指数均大于2；但整体呈现出平缓的下降趋势，从2000年的最大值2.6940下降到2018年的2.2114，下降幅度为17.91%。

对珠三角城市群多中心结构的多样化产业共聚特征进行分析发现：（1）在第一圈层城市中，广州和深圳的多样化产业共聚总体呈现明显的下降趋势，广州与深圳为珠三角城市群的经济发展核心，两市多样化产业共聚的发展趋势对珠三角城市群经济活动有着重要的影响，这也是为什么珠三角城市群多样化产业共聚总体呈现下降趋势的主要原因。（2）在第二圈层城市中佛山、肇庆、东莞和惠州均呈现先下降后上涨再下降的“N”形上升趋势，说明这四个城市的产业结构仍有优化的空间，在未来多样化产业共聚水平仍有上升的可能。（3）在第三圈层城市中珠海和江门呈现出先下降后上涨的“U”形上升趋势，中山呈现出“N”形上升趋势，但2001—2013年中山多样化产业共聚总体呈现下降趋势，其中2008年有所上涨达到2.2158，到2013年下降至最低点1.9091，低于平均值，2013年之后开始缓慢回升。

结合上文对多样化共聚的特征分析中可以发现，产业共聚水平主要决定因素是制造业的集聚程度。通过观察各圈层城市制造业集聚、生产性服务业集聚和多样化产业共聚趋势图可以发现，多样化产业共聚的发展趋势与制造业集聚发展趋势基本保持一致，只是上升和下降幅度的大小略有不同，可见制造业的集聚能够推动产业共聚水平的提升。从前一节对专业化产业共聚分析中，能够清晰地了解珠三角城市群工业的产业空间结构，本节又通过对制造业集聚、生产性服务业集聚和多样化产业共聚的测算，进一步探究珠三角产业空间的布局，能够为后续经济效益以及经济增长的空间影响因素分析打下充分的基础。

3.2.4.3　多样化产业共聚空间相关性分析

A　空间自相关性检验

多样化产业共聚的发展趋势并不仅仅是在时间维度上的变化，在空间上也存在相关性，即空间依赖性。在检验多样化产业共聚的空间相关性时，通常采用 Moran（1950）提出的莫兰指数（Moran's I），以下为莫兰指数的计算公式：

$$\text{Moran's I} = \frac{\sum_{i=1}^{n}\sum_{j=1}^{n} W_{ij}(Y_i - \overline{Y})(Y_j - \overline{Y})}{S^2 \sum_{i=1}^{n}\sum_{j=1}^{n} W_{ij}} \tag{3-6}$$

式中，$S^2 = \frac{1}{n}\sum_{i=1}^{n}(Y_i - \overline{Y})$；$\overline{Y} = \frac{1}{n}\sum_{i=1}^{n} Y_i$；$i$ 为 i 地区的观测值，代表多样化产业共聚指数；n 为地区总数，代表珠三角城市群内 9 个核心城市；W_{ij} 为空间权重矩阵。

空间权重矩阵是组成空间计量模型中的重要变量，一般包括空间邻接矩阵、反距离权重矩阵、经济权重矩阵和嵌套矩阵等。其中，邻接矩阵是根据空间邻近性设定的，且选用率最高。考虑到样本具有空间连续性特征，故采用邻接矩阵分析。空间邻接矩阵可细分为三种形式，分别为车相邻（Rock Contiguity）、后相邻（Queen Contiguity）和象相邻（Bishop Contiguity）。本书参考已有研究，选择“车相邻”空间权重矩阵，即相邻的空间截面 i 和 j 具有共同边界时，取值为 1，否则为 0。

$$W_{ij} = W_{ji} = \begin{cases} 1, i \in (j) \\ 0, i \notin (j) \end{cases} \tag{3-7}$$

式中，i 与 j 为两个空间观测截面。

当 $i \in (j)$ 时，i 与 j 互为邻居，赋值为 1，否则为 0。空间邻接矩阵具有对称性，矩阵内对角线的值均为 0。

莫兰指数的取值一般在［-1,1］之间，其值越大表示相关性越明显。当 Moran's I>0 时，表示观测值具有正的空间相关性，反之则有负的空间相关性；如果 Moran's I=0，则表示空间相关性不强，空间呈现随机性。在解读莫兰指数时，需要 P 值（P-Value）和正态统计量 Z 值来判断，其中 Z 值反映的是数据的离散程度。为了计算 Z 值，首先需要根据数据的空间分布计算出 Moran's I 指数的期望值，表达式如下：

$$En(I) = -\frac{1}{n-1} \tag{3-8}$$

$$VAR_n(I)=\frac{n^2w_1+nw_2+3w_0^2}{w_0^2(n_2-1)} \tag{3-9}$$

式中，$w_0=\sum_{i=1}^{n}\sum_{j=1}^{n}W_{ij}$；$w_1=\frac{1}{2}\sum_{i=1}^{n}\sum_{j=1}^{n}(W_{ij}+W_{ji})^2$；$w_2=\sum_{i=1}^{n}(W_{i\cdot}+W_{\cdot j})^2$；$W_{i\cdot}$与$W_{\cdot j}$分别为空间权重矩阵中$i$行与$j$列之和。

Z值表达式为：

$$Z(d)=\frac{\text{Moran's I}-E(I)}{\sqrt{VAR(I)}} \tag{3-10}$$

式中，$Z(d)$为Z值正态统计量，表示n个区域是否存在空间相关性。

通常，莫兰指数的P值和Z值通过表3-1进行判断。

表3-1　莫兰指数P值和Z值判定表

Z	P	置信度/%
$Z<-1.65$或$Z>1.65$	$P<0.10$	90
$Z<-1.96$或$Z>1.96$	$P<0.05$	95
$Z<-2.58$或$Z>2.58$	$P<0.01$	99

注：资料来源于作者整理。

通过表3-1可以判断出，当莫兰指数的$P<0.10$时，如果$Z>2.58$，表示观测值在99%的水平下呈现显著集聚趋势；同理可得，当$Z<-2.58$时，表示观测值在99%的水平下呈现显著分散趋势。

B　空间相关性分析

a　全局空间自相关检验

通过珠三角城市群2002—2018年多样化产业共聚MScoagg指数（以下简称“产业共聚”）的莫兰指数检验结果可以看出，2002—2018年，仅有2个年份的莫兰指数为正，其他年份均为负，且指数显著年份居多，说明产业共聚指数的空间分布呈现空间负相关关系。其中，通过10%显著性检验的有2003年、2005年、2008年和2009年，2005年、2008年和2009年的Z值满足正态分布函数在0.10水平下的临界值，即$Z>1.65$，说明2005年、2008年与2009年的产业共聚指数在90%水平下呈现出显著的负相关趋势；通过5%显著性检验的有2011年和2010年Z值均大于1.96，表示产业共聚指数在95%水平下存在负相关性；通过1%显著性检验的有2002年、2012年和2013年，2002年和2012年的Z值满足$Z>2.58$，说明在99%水平下产业共聚指数在空间分布上显著负相关。在观测年中没有出现莫兰指数为0的情况。因此，珠三角城市群产业共聚指数是存在空间相关性的，但莫兰指数显著为正且Z值不满足正态分布函数各水平下的临界值，总体上呈现出空间负相关关系，即珠三角城市群产业共聚在空间上存在高低值交叉分布的情况，仅部分区域存在空间依赖性或空间依赖性具有动态性特征。

b　局部空间自相关检验

选取 2002 年、2008 年、2013 年和 2018 年绘制多样化产业共聚指数的莫兰散点图，莫兰散点图中的 4 个象限分别代表各区域与其相邻区域的局部空间关系：第Ⅰ象限“高–高”集聚类型（H-H）是指所属高值区的区域被同是高值区区域所围绕的空间关系，第Ⅱ象限“高–低”集聚类型（H-L）是指所属低值区的区域被高值区区域所围绕的空间关系，第Ⅰ象限与第Ⅲ象限均代表了正向空间相关性特征，第Ⅲ象限“低–低”集聚类型（L-L）是指所属低值区的区域被同是低值区区域所围绕的空间关系，第Ⅳ象限“低–高”集聚类型（L-H）是指所属低值区的区域被高值区区域所围绕的空间关系，第Ⅱ象限与第Ⅳ象限均代表了负向空间相关性特征。

通过局部莫兰指数可以分析出，2002 年和 2013 年较为发达的城市如广州与深圳，多处于 H-L 和 L-H 形区域，其他城市也多集中于 H-L 和 L-H 形区域，说明产业共聚水平保持着高低交叉的分布形态，核心城市产业共聚水平较高，但邻近地区的水平较低，产业共聚的局部空间分布不均衡；2008 年，广州由 L-H 形转为 H-H 形，说明产业共聚水平达到了一定程度的空间集聚，然而深圳仍处于 H-L 形，这与其自身经济水平的超前发展有关，由于深圳经济发展水平较高，对周围欠发达地区的资金、技术以及劳动力产生“虹吸效应”，挤压了周边地区产业的发展空间，导致产业共聚高值区的邻近地区出现不同程度的“灯下黑”现象；到 2018 年，广州和佛山转为 L-L 形，L-L 形在四个年份中的数量处于“N”形增长模式，即“增多–减少–增多”趋势，2018 年期间广州与佛山产业共聚水平有所下降，且邻近地区均处于低值区。

3.3　多样化产业共聚影响因素的实证分析

从上一节分析可以看出，珠三角城市群多样化产业共聚具有明显的空间相关性。在产业共聚的影响因素分析上，传统计量模型仅考虑了时间维度上的测度，忽略了多样化产业共聚的空间相关性和异质性，与多样化产业共聚在空间上的现实发展变化不相符。因此，在本节分析多样化产业共聚影响因素的实证研究中，在传统计量方法上引入空间因素，将时间与空间维度相结合，进而全方位地解释哪些因素影响了多样化产业共聚的变化，以及本地多样化产业共聚受相邻地区要素的何种影响。

过往学者以空间计量角度研究产业集聚的空间影响因素大多从细分产业入手，例如金融业、高技术产业、林业和医药产业等（张志元等，2009；金春雨等，2015；席晓宇等，2015；陈启亮等，2017）。借鉴前人研究，将多样化产业共聚指数作为被解释变量，建立产业共聚影响因素的空间计量模型，分析多样化产业共聚的多种影响因素。从本节开始，包括第4、5章的实证分析，多样化产业共聚简称为“产业共聚”。

3.3.1 模型设计与变量选取

3.3.1.1 模型设计

通过产业共聚的空间相关性检验可知，珠三角城市群产业共聚的空间分布存在空间效应，传统计量模型在不考虑空间效应的前提下，对于空间经济活动的变化解释力不足。因此，解决该类问题时有必要引入空间因素。Paelinck（1967）提出了空间计量经济学，标志着空间经济学的诞生。之后由 Anselin（1988）将空间因素引入到传统计量模型中，他认为所有观测变量都具有空间依赖性和异质性，并详细论述了空间计量经济学的研究范围，其中包括：空间相关性、空间异质性模型设计、空间效应估计、检验和预测方法。正是因为存在空间效应，使“高丝-马尔科夫假设（Gauss-Markov Assumptions，GM）”中的“误差项不相关”以及“同方差”假设无法得到满足。因此，引入空间权重矩阵修正传统计量回归模型的误差，并运用极大似然函数值 Log-likelihood 来判断模型是否适合。以多样化产业共聚 MScoagg 指数作为被解释变量，构建基准回归模型如下：

$$\text{MScoagg}_{it} = \alpha + \beta x_{it} + \ + \mu_i + \eta_t + \varepsilon_{it} \tag{3-11}$$

式中，MScoagg_{it}为被解释变量，表示 i 地区 t 时期的产业共聚水平（MScoagg）；x_{it}为解释变量；β 为代估系数，表示解释变量对于产业共聚的影响大小与方向；μ_i 为区域个体效应；η_t 为时间效应；ε_{it}为随机误差项，表示个体与截面所产生影响的误差。

空间计量经济学的模型形式多样（Anselin 等，2004），包括空间滞后模型（Spatial Lag Model，SLM）、空间误差模型（Spatial Error Model，SEM）以及空间杜宾模型（Spatial Dubin Model，SDM）等。

区域间的产业共聚具有空间交互影响的作用机制，各变量在区域间能否产生扩散效应，即溢出效应，需要用空间滞后模型（SLM）衡量。构建 SLM 模型如下：

$$\text{MScoagg}_{it} = \rho \sum_{j=1}^{n} W_{ij}\text{MScoagg}_{it} + \alpha + \beta x_{it} + \mu_i + \eta_t + \varepsilon_{it} \quad \varepsilon_{it} \sim i,i,d(0,\delta^2) \tag{3-12}$$

式中，ρ 为空间回归系数，表示本地区产业共聚水平受相邻地区产业共聚的影响；W_{ij}为空间权重矩阵；μ_i 与 η_t 分别为空间与时间固定效应。

空间误差模型探讨区域间的观测变量产生的误差对被解释变量的影响，衡量了变量间的空间依赖作用，即衡量相邻地区间被解释变量的误差对本地观测值的作用程度。构建 SEM 模型如下：

$$\begin{cases} MScoagg_{it} = \alpha + \beta x_{it} + \mu_i + \eta_t + \phi_{it} \\ \phi_{it} = \lambda \sum_{j=1}^{n} W_{ij}\phi_{jt} + \varepsilon_{it} \quad \varepsilon_{it} \sim i,i,d(0,\delta^2) \end{cases} \tag{3-13}$$

式中，ϕ_{it}为空间自相关误差项；λ 为空间误差系数，表示相邻地区产业共聚的误差冲击对本地产业共聚的影响程度。

空间杜宾模型（SDM）是相对 SLM 模型和 SEM 模型更为一般的形式，同时也更加客观且更具有现实意义。空间杜宾模型（SDM）将被解释变量与解释变量的空间相关性共同纳入模型中，更具有现实的解释力，能够同时考察被解释变量受本地变量的直接影响和受其他相邻地区的被解释变量与解释变量的间接影响（Lesage 等，2007）。构建 SDM 模型如下：

$$MScoagg_{it} = \alpha + \rho \sum_{j=1}^{n} W_{ij} MScoagg_{jt} + \beta_1 x_{it} + \sum_{j=1}^{n} \theta_1 W_{ij} x_{ijt} + \mu_i + \eta_t + \varepsilon_{it} \tag{3-14}$$

式（3-14）应考虑两个假设，即通过 LR 和 Wald 检验判定空间杜宾模型可否简化为空间滞后模型和空间误差模型：其一，当 H_0：$\theta=0$ 时，如果 $\theta=0$，则可以简化为空间滞后模型（SLM）；其二，当 H_0：$\theta+\rho\beta=0$ 时，如果 $\theta+\rho\beta=0$，则可以简化为空间误差模型 SEM。

3.3.1.2 变量选取

下面采用 2002—2018 年珠三角城市群 9 个核心城市相关数据，变量指标均来自各地级市统计年鉴和统计公报、中经网统计数据库、《广东统计年鉴》和《中国城市统计年鉴》，缺失数据以插值法补全，所有变量均以标准化方式处理。参考上文，依然沿用“车相邻”的空间权重矩阵，以下对指标的选取与处理方式作充分说明：

（1）制造业集聚度（MLQ）与生产性服务业集聚度（SLQ）。产业共聚水平受不同行业集聚水平的影响存在差异，这可能会对不同区域的产业共聚水平产生影响。因此，引用制造业区位熵和生产性服务业区位熵分别考察不同行业在不同区域集聚水平对产业共聚的影响。

（2）人均 GDP（pgdp）。本地经济发展水平可能影响相邻地区产业集聚程度以及产业共聚水平，因此，选择人均 GDP 用于衡量区域经济发展水平对产业共聚的影响。

（3）人力资本（khum）。区域劳动力受教育程度对于区域经济增长以及产业的发展起着至关重要的作用，人力资本水平对于产业的横纵向发展都产生了深远的影响，且劳动力素质的提高同样影响着产业共同集聚度的变化。根据数据的可得性，选择高等学校在校生人数表示人力资本水平。

（4）知识溢出（KSD）。无论是产业集聚还是多样化产业的共聚中，知识溢出效应都尤为重要，知识溢出效应能够促进产业的合理分工与相互学习效应；同时，知识密集型产业的发展逐渐成为珠三角城市群产业调整与升级的方向，因此，本节选择每万人拥有高等学校专任教师人数占高等学校专任教师数量平均值之比表示知识溢出度。

（5）对外开放程度（FDI）。根据 Sharmistha（1989）的分析指出，对外开放度具有显著的时空特点，FDI 的投入不仅影响了制造业以及生产性服务业的发展，同样对于产业共聚的影响颇为关键。因此，选择实际利用外资金额占 GDP 比重表示对外开放程度，并按历年汇率进行折算。

（6）政府规模（gov）。各地级政府的财政实力将影响产业共聚水平，而政府通过财政收入、产业政策和金融手段等促进产业的发展，通常情况下，政府规模的扩大能够提升制造业以及生产性服务业集聚度（刘辉煌等，2012）❶。但是，也有学者持相反观点，认为政府规模的扩大仅在短期内对产业集聚产生了积极的影响（霍海涛等，2017）❷。因此，政府规模对于产业共聚产生何种影响，有待进一步探索，选择各城市财政收入占 GDP 比重表示政府规模。

（7）工资水平（wage）。产业共聚在本地还是在其他地区的形成，不仅取决于产业集中产生的集聚效应，还取决于生产要素成本的高低。要素成本的上升特别是工资上涨将加速产业扩散效应的产生（刘军等，2015）❸，同时产业共聚也会产生工资效应，某一产业的集聚式发展会使其相互关联的上下游产业也随之集聚，从而产生前后向影响，通过这种影响促进产业链的延伸和产业规模的扩大，进而影响了工资水平。因此，在研究产业共聚的影响因素方面，应考虑工资水平对于产业共聚的作用力，这里选择城市职工平均工资衡量工资水平。

（8）产业结构（Mindus、Sindus）。根据上文分析，珠三角城市群内第二、三产业同为区域经济发展的核心产业，产业结构的合理性将影响产业共聚的发展水平以及区域经济增长水平（张强等，2015）❹。此外，产业结构的合理性也将影响地区发展差距的变化，畸形的产业结构对产业空间合理布局和集聚效应起到抑制作用（范剑勇，2008）❺。因此，本节采用第二产业与第三产业增加值占 GDP 比重表示其对于产业共聚的影响，其中 Mindus 为第二产业增加值占 GDP 比

---

❶ 刘辉煌，雷艳．中部城市生产性服务业集聚及其影响因素研究［J］．统计与决策，2012（8）：108-110.

❷ 霍海涛，赵轩维，夏恩君，等．中国信息服务业集聚及其影响因素［J］．北京理工大学学报（社会科学版），2017，19（3）：83-91.

❸ 刘军，段会娟．我国产业集聚新趋势及影响因素研究［J］．经济问题探索，2015（1）：36-43.

❹ 张强，黄森，蒲勇健．区域产业集聚与经济增长影响因素研究［J］．重庆大学学报（社会科学版），2015，21（3）：1-7.

❺ 范剑勇．产业结构失衡、空间集聚与中国地区差距变化［J］．上海经济研究，2008（2）：3-13.

重、Sindus 为第三产业增加值占 GDP 比重。

（9）基础设施水平（inf）。基础设施水平的提升对于区域内产业的发展有着重要影响，基础设施具有空间溢出的成本效应，既有研究中，较多学者只重视基础设施水平的提高与其决定因素的影响方面（娄洪，2004；张光南等，2010），往往忽略了基础设施的空间溢出效应，而本地基础设施与其空间溢出效应往往会影响厂商的区位选择、要素成本和产出水平，从而进一步对产业共聚产生影响（张光南等，2014）❶。因此，在珠三角地区基础设施水平不断提高的情况下，分析其空间外溢效应对产业共聚的影响十分重要，这里选择人均邮电业务总量表示基础设施建设程度。

（10）信息化水平（I）。信息化水平的提升与多样化产业共聚水平的提升息息相关，信息化水平的提升能够使区域间的交易互动成本下降，同时缩小了区域经济发展的边界，信息化已成为我国工业发展的动力源泉之一，同时服务业的发展也离不开信息化水平的提升，近年来信息技术与服务业的融合进一步促进了区域经济的协调发展（汪斌等，2004）❷。由于信息化水平的测度涉及多种指标，受限于数据的可得性，因此本节选择移动电话用户数占城镇总户数之比表示信息化水平。

（11）市场化程度（market）。非国有企业的发展已然在珠三角城市群经济发展中贡献出自己的一份力量，非国有经济的发展进一步证明了市场化程度的提高，同时也证明了政府对市场的管制规范程度，市场化水平的提高能够为企业带来更多的发展空间，从而提升了多样化产业的共聚水平。因此，本节选择非国有单位就业人数占比表示市场规模变量。

（12）城市规模（scale）。城市规模的不断扩大能够为多样化产业提供广阔的发展空间，本节选择各城市人口占珠三角城市群平均人口之比表示城市规模水平。

3.3.2　空间计量模型分析

根据 3.3.1 小节中空间计量模型的多种形式，在进行回归分析之前，需要确定选用哪种形式的空间计量模型，空间计量的分析步骤遵循“OLS—SLM/SEM—SDM”的检验顺序。首先进行传统回归 OLS 估计，并利用拉格朗日乘数检验（LM）进行空间自相关性检验，若存在空间自相关性，则可以选用 SLM 或 SEM 模型或者二者同时成立；当二者同时成立时需要进一步构建 SDM 模型，并通过

❶ 张光南，洪国志，陈广汉．基础设施、空间溢出与制造业成本效应［J］．经济学（季刊），2014，13（1）：285-304.

❷ 汪斌，余冬筠．中国信息化的经济结构效应分析——基于计量模型的实证研究［J］．中国工业经济，2004（7）：21-28.

似然比检验（LR）以及沃尔德检验（Wald），检验模型可否简化为 SLM 或 SEM 模型。LR 与 Wald 检验有两个假设，分别为 H_0：$\gamma=0$ 和 H_1：$\gamma+\delta\beta=0$，若检验结果拒绝上述两个假设，则选用 SDM 模型；如果不拒绝假设 H_1，且 LM 检验支持 SEM 模型，则应选择 SEM 模型；若 LM 检验、LR 和 Wald 检验结果均不一致，则应选择 SDM 模型，因为 SDM 模型是 SLM 和 SEM 模型的一般形式。最后，通过豪斯曼检验（Hausman）、R^2 以及 Log-likelihood 等指标判断选用固定效应或随机效应模型进行空间计量的回归分析。

从检验结果可以分析出 LM 检验结果、LR 和 Wald 检验结果，LM 检验结果均成立，但 LR 和 Wald 检验结果中均拒绝 H_0 和 H_1，故应选择 SDM 模型进行估计；Hausman 检验结果为正（chi2 = 223.21）且通过了 5% 显著性检验，但随机效应模型的 $R^2=0.9128$ 大于固定效应模型 $R^2=0.4897$，且固定效应中 Log-likelihood 等于 503.4008 小于随机效应的 544.7221，说明随机效应模型具有更好的解释力。因此，在进行空间视角下的产业共聚影响因素回归分析时应选择 SDM 随机效应模型。

表 3-2 为产业共聚影响因素的空间计量回归结果。通过比较 OLS 和 SDM 的 R^2 发现，SDM 的 R^2 要明显高于传统回归模型，说明在研究产业共聚的影响因素方面应考虑空间因素的影响，即地理和空间的因素共同影响着产业共聚。还可以注意到，在 SDM 模型中，所有变量的直接作用系数误差均小于 OLS 模型，说明将空间因素纳入产业共聚影响因素的分析上既可以提高拟合优度，又缩小了估计模型的误差。空间相关系数（ρ）为 0.2159 通过了 5% 显著性检验，说明珠三角城市群空间内产业共聚存在显著的正向空间效应，城市群内本地产业共聚对于其他具有相似空间特征的城市存在空间依赖性。

表 3-2　产业共聚影响因素的空间计量回归结果

OLS			SDM					
变量	系数	T 值	变量	系数	Z 值	变量	系数	Z 值
MLQ	0.3902① (0.0352)	11.08	MLQ	0.3714① (0.0325)	11.43	W * MLQ	0.0314 (0.0689)	0.46
SLQ	0.4926① (0.0269)	18.29	SLQ	0.4710① (0.0235)	20.07	W * SLQ	-0.0117 (0.0669)	-0.17
pgdp	-0.0368① (0.0212)	-3.3	pgdp	0.0098 (0.0194)	0.5	W * pgdp	-0.0459 (0.0372)	-1.23
khum	0.0091 (0.0117)	0.77	khum	0.0160 (0.0107)	1.5	W * khum	-0.0278③ (0.0155)	-1.8
KSD	-0.0116 (0.0108)	-1.07	KSD	-0.0287① (0.0103)	-2.77	W * KSD	0.0608① (0.0138)	4.39

续表 3-2

OLS			SDM					
变量	系数	T 值	变量	系数	Z 值	变量	系数	Z 值
FDI	-0.0074 (0.0057)	-1.31	FDI	-0.0006 (0.0050)	-0.11	W * FDI	-0.0169② (0.0075)	-2.26
gov	-0.0016 (0.0018)	-0.89	gov	-0.0010 (0.0017)	-0.01	W * gov	-0.0065② (0.0033)	-1.98
wage	-0.0297③ (0.0167)	-1.78	wage	-0.0145 (0.0158)	-0.92	W * wage	0.0234 (0.0260)	0.9
Mindus	0.0536① (0.0154)	3.48	Mindus	0.0385① (0.0141)	2.73	W * Mindus	0.0443 (0.0274)	1.62
Sindus	0.0034 (0.0172)	0.2	Sindus	0.0338② (0.0148)	2.28	W * Sindus	-0.0880① (0.0280)	-3.14
inf	-0.0113③ (0.0159)	-1.89	inf	-0.034① (0.0103)	-3.29	W * inf	0.0358① (0.0109)	3.27
I	-0.0416① (0.0142)	-2.94	I	-0.0461① (0.0140)	-3.29	W * I	0.0011 (0.0210)	0.05
market	-0.0106 (0.0064)	-1.66	market	-0.0010 (0.0056)	-0.19	W * market	-0.0101 (0.0096)	-1.06
scale	-0.0431① (0.0135)	-3.2	scale	-0.0456① (0.0129)	-3.55	W * scale	0.0493② (0.0248)	1.99
			spacial rho (ρ)	0.2159② (0.1018)	2.12			
			Log-likelihood	544.7221				
R^2	0.8622		R^2	0.9128				
观测值	153		观测值	153				

注：(1)①、②、③分别代表在1%、5%和10%水平上显著。(2) 括号内代表标准差。
资料来源于作者通过 STATA 软件测算。

从 SDM 模型的估计结果可以看出，产业共聚水平不仅与本地各影响因素有关，还与相邻地区的产业共聚水平及其影响因素有关。

(1) 制造业集聚度（MLQ）和生产性服务业集聚度（SLQ）的直接作用系数在 SDM 模型中显著为正，说明各产业的集聚对于产业共聚的影响为正。制造业集聚度和生产性服务业集聚度的空间滞后项系数均未通过显著性检验，其中制造业集聚度的空间滞后项系数为正，说明邻近地区的制造业集聚对于本地产业共聚并无显著影响。

（2）人均 GDP（pgdp）在 SDM 模型中直接作用系数为正，说明加入空间因素后，人均 GDP 对于产业共聚的负向影响有所减弱，但正向推动作用不显著，相邻地区人均 GDP 的空间滞后项系数为负但不显著。

（3）人力资本（khum）的直接作用系数为正，但未通过显著性检验。人力资本在相邻地区的空间滞后项系数为负，且通过了 10% 显著性检验，说明在珠三角地区中，特定地区的人力资本发展相对不充分，对于产业共聚的促进作用不明显，但相邻地区人力资本的增长很有可能造成人才流失的现象，而劳动力的大量转移必将对本地产业共聚产生负向影响。

（4）知识溢出（KSD）的直接作用系数为负，且通过了 1% 显著性检验。但是，在相邻地区中，知识溢出的空间滞后项系数显著为负，参考陈继勇等（2010）的研究可知，珠三角城市群属于经济发达地区，而经济发达地区的知识溢出效应通常倾向于扩散到周边欠发达和教育水平较低的地区，为相邻地区的知识与技术的提升做出了贡献；珠三角城市群可以称为知识溢出的净流出区域，而珠三角城市群本身虽然也吸收了大量人力资本投入，并产生知识溢出效应，但本地的直接效应仍为负，可能是输出的知识溢出大于输入的知识溢出导致的❶。

（5）对外开放程度（FDI）的本地直接效应为负，但不显著，在相邻地区的对外开放程度空间滞后项系数为负且通过了 5% 显著性检验。从珠三角城市群产业共聚发展的特点来看，珠三角已形成了规模较为庞大的产业集群，但外资的促进政策仍不够完善，低产能与不符合产业升级转型的外资企业存在大量集聚现象，外资结构的不合理导致了外商投资对于本地产业共聚产生了负向的影响；进一步说明，珠三角城市群中相邻地区间可能采用了相同的外资鼓励模式，且该模式具有产业同质化集聚的特征，产业的同质化不仅降低了资源的配置效率，还抑制了集聚规模的扩大，促使外商投资无法产生正外部性（武晓霞等，2011）❷。

（6）政府规模（gov）的直接作用与空间滞后项系数均为负，说明政府规模的扩大对产业共聚产生了抑制作用，这与前述研究的结论相符。

（7）工资水平（wage）的直接作用与空间滞后项系数均为负，但不显著，说明工资水平对于产业共聚的约束条件并不显著。

（8）在产业结构（Mindus、Sindus）变量中，第二产业结构的直接作用系数显著为正，空间滞后项系数为正但不显著，说明在珠三角城市群中第二产业占 GDP 的比重仍是推动产业共聚发展的主导力量，这与上文分析相符，但在相邻地区的作用并不明显。此外，第二产业占比提高带来的是相关配套产业的发展，也

---

❶ 陈继勇，雷欣，黄开琢．知识溢出、自主创新能力与外商直接投资［J］．管理世界，2010（7）：30-42.

❷ 武晓霞，任志成，姜德波，等．产业集聚与外商直接投资区位选择：集中还是扩散？［J］．产业经济研究，2011（5）：26-34.

会因此促进产业共聚水平的提升；第三产业结构的直接作用系数为正且通过了5%显著性水平检验，空间滞后项系数却显著为负，这可能与珠三角地区服务业的发展情况有关，本地服务业的发展能够为相关产业提供质量更高更具效率的服务或中间产品。随着服务业的进一步集聚，扩散效应将使部分产业因生产成本、地租、交通成本等转移至周边地区，从而带来了周边地区服务业的快速发展，并抢占了本地服务业市场，因此，相邻地区中第三产业占比提高并不利于本地产业共聚的发展。

（9）基础设施水平（inf）和信息化水平（I）可以作为一种交易成本，基础设施水平和信息化水平的直接作用系数显著为负，说明随着经济发展水平的提高，基础设施建设将更加完善，且信息化水平进一步提高，但生产生活的成本上升了，使企业纷纷转移至交易成本较低的地区发展，这不利于本地产业共聚水平的提高；基础设施水平空间滞后项系数显著为正，信息化水平的空间滞后项系数为正但不显著，这代表了相邻地区基础设施水平的提高，能够使跨区域沟通交流的成本下降，从而有利于跨区域生产或技术交流的企业留在已形成一定集聚优势的本地，使上下游产业的技术沟通更加便利，从而对本地多样化产业的共聚产生积极的影响。

（10）市场化程度（market）的直接作用和空间滞后项系数均为负但不显著，本地市场化程度的绝对值要小于相邻地区的绝对值，即本地市场化程度的提高对于产业共聚的负向影响更小，这也充分说明珠三角城市群的市场化程度对于产业共聚的影响并不显著；城市规模（scale）的直接作用系数显著为负，随着城市规模的扩大，各生产要素成本的上涨并不利于企业在本地的发展，对产业共聚产生负向影响。在相邻地区的空间滞后项系数显著为正，相邻地区城市规模的扩张能够在一定程度上减轻本地产业共聚的压力，为本地高技术产业与高水平服务业的发展提供更多空间。

3.3.3 空间效应分析

空间杜宾模型中包括了解释变量的空间滞后项，滞后项系数的方向与显著性对于模型分析是有效的，但系数的大小对于被解释变量受解释变量的影响多少参考价值甚微。J. 保罗·埃尔霍斯特（2015）[1] 认为，解释变量的分解效应可以直接反映空间溢出效应，在此情况下，需要通过空间效应的分解结果对空间效应做进一步考量。通常，空间效应可以分为三种效应，分别为直接效应、间接效应和总效应。其中，直接效应代表本地区内的解释变量对于被解释变量总影响的均

[1] J. 保罗·埃尔霍斯特. 空间计量经济学：从截面数据到空间数据［M］. 肖光恩译. 北京：北京大学出版社，2015.

值，即本地区内的解释变量对被解释变量的平均“内部影响”，同时也是本地区解释变量对相邻地区被解释变量的“外部反应”。间接效应代表所有观测地区内的解释变量对于相邻地区的被解释变量的平均影响。总效应代表所有区域内的解释变量对于本地和相邻地区的被解释变量的平均影响。从以上三种空间效应的分析，可以进一步明确产业共聚影响因素的空间效应研究。

表3-3为产业共聚影响因素的空间效应。直接效应系数的大小和显著性更强，其中知识溢出（KSD）和产业结构中第二产业结构占比（Sindus）的显著性有所下降；间接效应系数与空间滞后项系数大小与显著性都有所变化，具体表现为滞后项系数可能高估或低估了相邻地区解释变量对于产业共聚的影响。

表3-3 产业共聚影响因素的空间效应

变量	直接效应	间接效应	总效应	变量	直接效应	间接效应	总效应
MLQ	0.3821① (0.0353)	0.1373③ (0.0788)	0.5194① (0.1022)	wage	-0.0129 (0.0165)	0.0240 (0.0324)	0.0111 (0.0416)
SLQ	0.4787① (0.0247)	0.1116③ (0.0572)	0.5903① (0.0722)	Mindus	0.0414① (0.0145)	0.0628③ (0.0337)	0.1042② (0.0415)
pgdp	0.0084 (0.0195)	-0.0503 (0.0470)	-0.0419 (0.0581)	Sindus	0.0286③ (0.0154)	-0.0996① (0.0349)	-0.0709 (0.0438)
khum	0.0144 (0.0110)	-0.0290 (0.0198)	-0.0146③ (0.0256)	inf	-0.0321① (0.0097)	0.0343① (0.0109)	0.0022 (0.0078)
KSD	-0.0247② (0.0104)	0.0661① (0.0185)	0.0414 (0.0232)	I	-0.0470① (0.0140)	-0.0092 (0.0256)	-0.0562③ (0.0305)
FDI	-0.0018 (0.0052)	-0.0200② (0.0098)	-0.0218③ (0.0132)	market	-0.0019 (-0.0019)	-0.0118 (0.0121)	-0.0136 (0.0154)
gov	-0.0005 (0.0019)	-0.0080③ (0.0045)	-0.0085 (0.0059)	scale	-0.0428① (-0.0428)	0.0453 (0.0299)	0.0025 (0.0363)

注：(1)①、②、③分别代表在1%、5%和10%水平上显著。(2) 括号内代表标准差。

资料来源于作者通过STATA软件测算。

在间接效应系数中，制造业集聚度（MLQ）和生产性服务业集聚度（SLQ）通过了10%显著性检验，均显著为正，这与空间滞后项系数的大小与显著性不同，说明在相邻地区中的制造业集聚与生产性服务业集聚对于本地产业共聚产生了积极的影响；人力资本（khum）的空间滞后项系数显著为负，但在间接效应中不显著，说明在珠三角城市群产业共聚中，人力资本不能够成为抑制产业共聚水平提升的关键因素；知识溢出（KSD）的间接效应系数更大，对于相邻地区的产业共聚影响更强；对外开放程度（FDI）的间接效应系数小于空间滞后项系数，说明对外开放程度对于相邻地区产业共聚的抑制作用有所减小；政府规模（gov）间接效应系数的显著性有所下降，即相邻地区政府规模对于产业共聚的抑制作用有所减弱；第二产业结构占比（Mindus）的间接效应系数显著性有所下降，第三产业结构占比（Sindus）的间接效应系数变小，说明空间滞后项系数高估了产业结构对于相邻地区产业共聚的影响；基础设施（inf）的间接效应系数与滞后项系数相比，显著性未变但系数大小有细微差别，信息化水平（I）的间接效应系数为负，但依然不显著；城市规模（scale）的间接效应系数大小有细微差异，但系数不显著，说明相邻地区的城市规模变化对于产业共聚的积极作用不明显。

从总效应系数来看，制造业集聚度（MLQ）和生产性服务业集聚度（SLQ）对于产业共聚的平均影响具有正向的空间溢出效应；人力资本（khum）对于产业共聚的平均影响显著为负，而知识溢出（KSD）的总效应系数为正但不显著，说明珠三角地区的人力资本和知识溢出发展较为平均，弱化了特定地区两个因素对产业共聚的影响；对外开放程度（FDI）对于产业共聚的平均影响显著为负，这代表了随着开放程度的提高，产业共聚水平有所下降；第二产业结构占比（Mindus）对于产业共聚的平均影响显著为正，第二产业仍是影响珠三角城市群产业共聚的积极主导因素；信息化水平（I）对于产业共聚的平均影响显著为负，说明珠三角城市群信息化水平的提高使交易成本有所上涨，对产业共聚水平的提升有明显的抑制作用。

4 产业共聚对全要素生产率的影响分析

产业共聚在推动现代产业体系建设的过程中，不仅开拓了产业协调发展的新途径，同时还是提升经济效率的必要手段。全要素生产率作为反映经济效率的重要指标，常用来衡量一个区域乃至国家经济增长的质量，城市群内地区间的空间邻近性有助于知识溢出效应的发挥，不仅能够深化产业与技术的关联性，对于推动技术进步、提高技术效率以及扩大产业规模同样产生影响。本章采用数据包络的方法对珠三角城市群的全要素生产率进行了测算，在此基础上，运用空间计量模型分析法，深入探索多样化产业共聚对珠三角城市群全要素生产率及其各分解要素的影响，从各要素的空间效应和互动关系中解析区域经济效率的变化情况。

4.1 全要素生产率的测度方法与影响因素

为了进一步探究多样化产业共聚（以下简称“产业共聚”）对经济增长影响的全面性，参考了大量已有研究，考虑到产业共聚并不总能够对经济增长起到积极的推动作用，还可以通过产业共聚对生产率的积极影响进一步作用于经济的增长。因此，本节将对全要素生产率加以深入分析。

4.1.1 全要素生产率测度方法选择

全要素生产率（Total Factor Productivity，TFP）作为衡量经济增长的主要指标之一，不仅可以确定在经济增长中各生产要素投入的作用以及贡献度，还能够衡量区域内经济增长的方式是否符合科学和可持续发展的宗旨（刘秉镰等，2009）❶。关于全要素生产率的内涵，众多学者对其展开了充分的研究。在美国《工业工程术语》著作中，将全要素生产率解释为总产出与总投入的比值，也有学者将生产率解释为三种要素用度的衡量，即产品生产总量比生产要素投入量（新井警介，1992）❷，而生产率的实质是对生产能力的综合考量，是对资源利用

---

❶ 刘秉镰，李清彬．中国城市全要素生产率的动态实证分析：1990—2006——基于 DEA 模型的 Malmquist 指数方法［J］．南开经济研究，2009（3）：139-152.

❷ 新井警介．现场管理者才干增长必读［M］．北京：中国经济出版社，1992.

程度的考量（马汉武，1999）❶。从经济学的研究视角出发，全要素生产率是衡量各要素开发利用效率的重要手段。

通常测度全要素生产率的方法有四种，分别是生产函数法、指数法、随机前沿法和数据包络法，本节选取 DEA-Malmquist 分析方法，其原因在于：在四种常用方法中，生产函数法和指数法都是以函数模型为基准而建立的，当函数模型没有给定或模型设定存在偏差时，生产函数法和指数法计算的全要素生产率缺乏准确性。当要分析效率关系时，使用随机前沿法，随着投入与产出的增加，可能存在生产函数估计偏差或技术非效率的影响，结果可能存在一定的误差或错误。选择 DEA-Malmquist 分析方法，能够很好地避免以上问题，其优点在于：第一，不用定义生产函数，避免函数模型的估计误差；第二，DEA 分析法可以避免不同体系下要素之间的比较问题；第三，该方法更加客观，不用在计算时规定权重，以决策单元 DMU 的输入和输出的权重作为变量；第四，当计算较为复杂的变量关系时，DEA 分析法不考虑多个输入与输出之间的复杂关系，可进一步按照各个决策单元 DMU 的投入或产出需求来决定其数量。具体方法如下：

数据包络分析法（Data Envelopment Analysis，DEA），是多学科融合产生的测算方法。Charnes，Cooper 等（1978）提出 DEA 理论，并与 Malmquist 指数相结合后，用 DEA-Malmquist 指数方法测算全要素生产率，即以投入或产出视角出发、以 DEA 定义距离函数、以 Malmquist 指数计算生产率，该方法也随着 DEA 理论的拓展而发展。Charnes，Cooper 等（1978）根据该理论构建了 CCR 模型，此后基于 CCR 模型，Caves 等（1982）定义了 Malmquist 全要素生产率指数；Fare 等（1992）基于 Fisher（1922）的研究思路，测算了两个 Malmquist 全要素生产率指数的平均值，用其测度全要素生产率的变化程度，并将该指数定义为两种技术效率，即相对技术效率和技术效率。Banker 等（1984）构建了规模报酬可变 BCC 模型，此后，Fare 等（1994）又将其细分为规模效率变化、纯技术效率变化指数等，到 1997 年，Fare 又将技术进步指数划分为中性、投入非中性和产出非中性。

（1）CCR 模型为：

$$\min\theta - \mu\left[\sum_{r=1}^{t} s_r^+ + \sum_{i=1}^{m} s_i^-\right] \text{s.t.} \begin{cases} \sum_{j=1}^{n} \rho_j x_{i,j} + s_i^- = \theta \times x_{i,0} \\ \sum_{j=1}^{n} \rho_j y_{r,j} - s_r^+ = y_{r,p} \\ s_i^- \geqslant 0, s_r^+ \geqslant 0 \\ \rho_j \geqslant 0, j = 1,2,\cdots,n \end{cases} \tag{4-1}$$

---

❶ 马汉武．生产效率与生产率的界定及其意义［J］．江苏大学学报（社会科学版），1999（1）：63-65.

式中，j 为决策单元DMU，评价指标体系由 m 个投入指标（投入消耗）和 t 个产出指标（产出效率）构成；$x_{i,j}$为 j 决策单元的 i 种投入要素的投入量；$y_{r,j}$为 j 决策单元的 r 种产出要素的产出量；s_r^+ 和 s_i^- 为松弛变量；μ 为非阿基米德无穷小量；ρ_j、θ、s_r^+ 和 s_i^- 均为待估参数。

在CCR模型中，当决策单元DEA有效时，即满足 $\theta^*=1$，且 $s_i^{-*}=s_r^{+*}=0$，此时达到规模和技术有效；当决策单元DEA无效时，或技术和规模分别无效时，则有 $\theta^*<1$ 或者 $s_i^{-*}\neq s_r^{+*}\neq 0$。若 $s_i^{-*}=s_r^{+*}=0$ 时，代表技术有效，令 $k=1/\theta^*\sum\rho_j^*$，当 $k=1$ 时，代表规模有效，当 $k>1$ 时，代表规模报酬递增，当 $k<1$ 时，则为规模报酬递减；当决策单元DMU无效时，可以通过在原始输入不变的情况下减少原始输出，或在原始输入不变的情况下，增加原始输出的方法，改善效率。

（2）BCC模型的表达式如下：

$$\min\theta-\mu\left[\sum_{r=1}^{t}s_r^+ + \sum_{i=1}^{m}s_i^-\right]\text{s. t.}\begin{cases}\sum\limits_{j=1}^{n}\rho_j x_{i,j}+s_i^-=\theta\times x_{i,0}\\ \sum\limits_{j=1}^{n}\rho_j=1,j=1,2,\cdots,n\\ s_i^-\geqslant 0,s_r^+\geqslant 0\\ \rho_j\geqslant 0,j=1,2,\cdots,n,\theta\in E_t^+\end{cases}\tag{4-2}$$

以上两种模型的经济意义在于：当规模报酬可变时，应采用BBC模型，效率值为纯技术效率值和规模效率值；当规模报酬不变时，可采用CCR模型，效率值为整体的技术效率值。也就是说，当规模报酬递增或递减时，BBC模型计算所得的效率值与CCR模型不相等。

4.1.2 全要素生产率的影响因素

目前，全要素生产率的结构分解研究包括：（1）大部分学者认为，影响全要素生产率的分解效应主要来自技术进步、技术效率和规模效应。（2）Hsieh和Peter（2009）认为，资源配置效率也是影响全要素生产率增长的重要来源之一❶，应将全要素生产率分解为技术进步、技术效率、规模效率和资源配置。改善资源配置效率能够促进生产效率的改善，其中资源错配是配置效率低下的重要原因，只有降低生产要素的错配程度才能提升配置效率，从而改善全要素生产率（龚六堂等，2020）❷。还有学者认为，除技术效率与技术进步以外，产业结构转

❶ HSIEH，CHANG T，PETER J K. Misallocation and manufacturing TFP in China and India［J］. Quarterly Journal of Economics，2009，124：1403-1448.

❷ 龚六堂，林东杰．资源配置效率与经济高质量发展［J］．北京大学学报（哲学社会科学版），2020，57（6）：105-112.

换也是影响全要素生产率提高的主要因素（李平，2016）[1]。(3) 一些学者还认为，全要素生产率的增长还应受到制度变迁、技术开发、创新能力、人力资本、汇率变化等因素的影响（易纲等，2003[2]；魏守华等，2010）。

基于全要素生产率的增长构成不同，国内外学者对影响全要素生产率增长的外部因素做了大量研究。Henderson 等（1998）利用实证研究，分析某产业 R&D 投入不仅促进了技术的进步还提升了劳动生产率，R&D 投入也会提升经济体的整体生产水平[3]。曹泽等（2010）通过计量模型分析，发现不同种类的 R&D 投入对全要素生产率的改善均有积极作用，但溢出效果存在差异性[4]。焦翠红等（2018）构建了 R&D 投入规模和 R&D 资源配置的区域全要素生产率增长模型，研究表明 R&D 投入对区域全要素生产率有正向的空间相关性，但投入规模有抑制作用[5]。一些学者认为，政府补贴对于全要素生产率的提升具有积极影响，特别是 R&D 补贴，不仅可以提升企业的创新能力，还能够帮助企业获得更多技术上的支持（Carboni，2011；Kang，2012）[6][7]。罗德明等（2012）认为，要素市场的政策扭曲会使全要素生产率下降，并建立随机动态一般均衡模型，考察我国偏向国有企业政策的效率总体情况，结果表明因政策导致的资源错配将造成生产效率上的损失[8]。闫志俊等（2017）采用 1999—2007 年我国工业企业相关数据，考察政府补贴对企业的全要素生产率的影响，结果表明政府补贴抑制了全要素生产率的增长[9]。刘伟等（2008）实证分析了产业结构的变动对我国经济增长的贡献率，结果表明随着市场化的进步，产业结构对经济增长的贡献开始下降，其贡献度将逐渐让位于技术进步的作用[10]。唐未兵等

---

[1] 李平．提升全要素生产率的路径及影响因素——增长核算与前沿面分解视角的梳理分析［J］．管理世界，2016（9）：1-11.

[2] 易纲，樊纲，李岩．关于中国经济增长与全要素生产率的理论思考［J］．经济研究，2003（8）：13-20，90.

[3] HENDERSON R，JAFFE A，TRAJTENBERG M. Universities as a source of commercial technology：A detailed analysis of university patenting，1965—1988［J］．Review of Economics and Statistics，1998（2）：80.

[4] 曹泽，李东．R&D 投入对全要素生产率的溢出效应［J］．科研管理，2010，31（2）：18-25，34.

[5] 焦翠红，陈钰芬．R&D 资源配置、空间关联与区域全要素生产率提升［J］．科学学研究，2018，36（1）：81-92.

[6] CARBONI O A. R&D subsidies and private R&D expenditures：Evidence from Italian manufacturing data［J］．International Review of Applied Economics，2011，25（4）：419-439.

[7] KANG K N，PARK H. Influence of government R&D support and inter-firm collaborations on innovation in Korean biotechnology SMEs［J］．Technovation，2012，32（1）：68-78.

[8] 罗德明，李晔，史晋川．要素市场扭曲、资源错置与生产率［J］．经济研究，2012，47（3）：4-14，39.

[9] 闫志俊，于津平．政府补贴与企业全要素生产率——基于新兴产业和传统制造业的对比分析［J］．产业经济研究，2017（1）：1-13.

[10] 刘伟，张辉．中国经济增长中的产业结构变迁和技术进步［J］．经济研究，2008，43（11）：4-15.

(2014) 认为，技术进步可以分解为技术创新和技术引进，技术进步是全要素生产率的增长动力，并利用我国 1996—2011 年 28 个省的相关数据构建模型，发现在加强引进技术的同时也要促进消化学习的能力，只有充分协调好引进技术与技术消化学习能力，才能够推动全要素生产率的提升❶。于斌斌 (2015) 基于两部门经济增长模型，采用 2003—2012 年中国 285 个地级及以上城市的统计数据，运用动态空间面板模型，考察产业结构调整与生产率的提升对经济增长的影响，发现产业结构调整的贡献已转化为全要素生产率的提升❷。

4.1.3 数据来源及处理

测算全要素生产率的数据取自珠三角 9 个核心城市内各地级市统计年鉴、《广东省统计年鉴》《中国统计年鉴》《中国城市统计年鉴》和中经网统计数据库，选取 2002—2018 年共 17 年数据，其中缺失值用插值法进行补充。

选择 DEA-Malmquist 指数进行全要素生产率的测算，各变量作如下处理：

(1) 产出变量为各城市生产总值。研究期是 2002—2018 年，选取 2000 年为基期，根据各个城市的生产总值平减指数调整为 2000 年的不变价格。

(2) 劳动力投入变量。一个城市单位时间内劳动力的投入量很难衡量，因为劳动力的投入种类繁多且质量参差不齐。基于大量文献研究，选取从业人员作为珠三角城市群劳动力的投入变量，该指标为珠三角各城市制造业和生产性服务业的总就业人数。

(3) 资本投入变量。许多经济问题的研究需要对资本进行衡量，对于资本投入量的测度一直以来是学术界讨论的热点话题之一。选取各城市固定资产投资额作为资本投入变量，采用永续盘存法进行计算，该方法是估算地区资本存量比较有效的方法之一（张军，2004；王小鲁 2009；孙广生，2012 等），其计算公式为：

$$K_{i,t}=K_{i,t-1}(1-\delta)+\frac{I_{i,t}}{p_t} \tag{4-3}$$

式中，$K_{i,t}$ 与 $K_{i,t-1}$ 为 t 期和 $t-1$ 期资本存量；δ 为固定资产折旧率；$I_{i,t}$ 为 t 期固定资产投资流量；p_t 为 t 期固定资产价格指数。

主要参考于斌斌等（2015）的研究核算资本存量，其中，基期资本存量采用 2000 年珠三角各城市生产总值占广东省生产总值的比重乘以广东省的基期资本存量。参考单豪杰（2008）的处理方法，将固定资产折旧率设定为 10.96%。

---

❶ 唐未兵，傅元海，王展祥．技术创新、技术引进与经济增长方式转变［J］．经济研究，2014，49（7）：31-43.

❷ 于斌斌．产业结构调整与生产率提升的经济增长效应——基于中国城市动态空间面板模型的分析［J］．中国工业经济，2015，12：83-98.

4.2　全要素生产率测算结果分析

4.2.1　全要素生产率总体变化分析

从 2002—2018 年珠三角城市群全要素生产率的总体情况可以看出，在 2002—2018 年，全要素生产率平均改善了 2.1%；从来源看，全要素受技术效率改进最大，共改进了 1.5%。这表明，在观测期内，珠三角城市群全要素生产率有所增长，总的技术效率影响了全要素生产率的增长，但技术进步的改进动力仍然突出。珠三角城市群的技术效率均值有所增长，该分解要素包括纯技术效率和规模效率，其中纯技术效率没有变动、规模效率有所增长，可见在珠三角城市群现有的管理机制水平下，规模效率与最优规模之间的差距很小且有一定的提升。其中，2002 年、2003 年、2004 年和 2009 年全要素生产率有所下降，2002 年主要因为技术进步下降了 9.7%，导致全要素生产率下降了 0.2%；2003 年，技术进步和纯技术效率分别下降了 26.2% 和 2.3%，使全要素生产率下降了 12.3%；2004 年全要素生产率下降了 3.8%，主要是由于技术进步下降了 5.5% 导致的；2009 年全要素生产率下降了 4.6%，主要原因是技术效率下降了 1.8%、技术进步下降了 2.9%、纯技术效率下降了 3.6%、规模效率改善了 1.8%。2011 年全要素生产率改善最多，增加了 13.1%，其中技术进步贡献了 12.7%、纯技术效率贡献了 4.3%，但规模效率下降 3.8%，所以技术效率值增长了 0.3%。

通过分析珠三角城市群全要素生产率及其分解要素的变化程度可以发现，各分解要素总体上波动较为平缓。其中，纯技术效率的波动是最为平缓的，全要素生产率的波动也较为稳定，在 2003 年达到最低点，全要素生产率为 0.877，2011 年达到最高点为 1.131。从 2003—2011 年全要素生产率呈波动上升趋势看，2011 年后呈下降趋势，2014 年后增长较为平缓。在研究期内，技术效率与规模效率的波动幅度基本相同，但上下幅度略有不同，可以看出，规模效率很大程度上影响着技术效率的波动。纯技术效率的波动幅度较大，如 2003 年下降了 0.165 个百分点，但 2004 年却增加了 0.224 个百分点。在研究期内，2003 年各分解要素的下降趋势和上升趋势是最大的，达到最低点的分别是技术进步为 0.738、全要素生产率为 0.877，达到最高点分别是技术效率为 1.104、规模效率为 1.217。

从整体和历年全要素生产率及其分解要素的变化可以发现以下特点：

（1）全要素生产率及其分解要素的增幅逐年变缓，经济的增长效率放缓且动力不足。在研究期内，全要素生产率的平均值增长了 0.21 个百分点，自 2014 年起，波动幅度逐渐减小，改善幅度不大，可见全要素生产率对于经济的发展驱动力有所减弱。2002—2013 年，全要素生产率的增幅分别为 2.9%、3.7%、4.8%、5.5%、7.5%、8.5%、12.2%，但 2014 年后增幅只保持在 0.3% 和 1%，增幅大不如前。珠三角城市群的全要素生产率的增幅放缓，与我国经济体制的现实情况相似，这是追赶型经济体制的典型标志，也代表了一个区域更加接近了技术前沿的象征，也是从技术到规模都更加成熟的象征（刘世锦等，2015；Wu，2014）❶❷。

（2）技术效率对于全要素生产率的改善更明显，但也不能忽视技术进步的作用。从历年的变化趋势可以发现，技术效率与技术进步共同影响了全要素生产率的改进；从均值可以看出，二者分别对全要素生产率改善了 1.5% 和 0.5%，所以全要素生产率受技术效率的驱动更大，其波动趋势与技术效率要素相同，但波动幅度不同。技术进步要素对于全要素生产率的改善也十分重要，例如 2007 年，分解要素中只有技术进步要素增长了 11.8%，其余要素并未得到改善，但全要素生产率有 2.3% 的增长。已有研究中，有些学者认为全要素生产率增长的改善主要来自技术进步（赵伟等，2005）❸，也有部分学者认为技术效率是推动全要素生产率变化的原因（颜鹏飞等，2004）❹，还有学者认为技术进步与技术效率的共同作用是影响全要素生产率变动的重要原因（章祥荪等，2008）❺。从珠三角城市群的全要素生产率的测算结果来看，技术效率与技术进步都对其产生影响，但受技术效率的改善影响更大。从全要素的测算方法分析，全要素的增长动力主要源自技术效率与技术进步的共同改善，不能仅依靠单因素的改善，只有二者共同改善才能促进全要素生产率的大幅上涨，提升技术进步同时改善技术效率，才是促进全要素生产率增长的关键所在（郭庆旺等，2005；王志刚等，2006）❻❼。

---

❶ 刘世锦，刘培林，何建武．我国未来生产率提升潜力与经济增长前景［J］．管理世界，2015（3）：5.

❷ WU H. China's growth and productivity performance debate revisited-accounting for China's sources of growth with a new data set［R］. Conference Board Working Paper，2014.

❸ 赵伟，马瑞永，何元庆．全要素生产率变动的分解——基于 Malmquist 生产力指数的实证分析［J］．统计研究，2005（7）：37-42.

❹ 颜鹏飞，王兵．技术效率、技术进步与生产率增长：基于 DEA 的实证分析［J］．经济研究，2004（12）：55-65.

❺ 章祥荪，贵斌威．中国全要素生产率分析：Malmquist 指数法评述与应用［J］．数量经济技术经济研究，2008（6）：111-122.

❻ 郭庆旺，赵志耘，贾俊雪．中国省份经济的全要素生产率分析［J］．世界经济，2005（5）：46-53，80.

❼ 王志刚，龚六堂，陈玉宇．地区间生产效率与全要素生产率增长率分解（1978—2003）［J］．中国社会科学，2006（2）：55-66，206.

4.2.2　全要素生产率区域差异分析

通过计算得出2002—2018年珠三角城市群全要素生产率的均值为1.025，故将全要素生产率大于1.025的划分为效率显著改善地区，全要素生产率在1～1.025区间内为效率改善一般地区，全要素生产率小于1的划分为效率下降地区。观测2006年、2010年、2014年和2017年珠三角城市群全要素生产率的空间差异情况可以发现，2006年珠三角城市群各城市中效率显著改善的城市有7个，分别为广州、深圳、佛山、惠州、中山、东莞、珠海；效率下降的有2个城市，分别为江门、肇庆。2010年，肇庆从效率改善一般地区上升为效率显著改善地区，其他地区除江门为效率下降地区以外，均为效率显著改善地区。2014年相较于2006年和2010年变化较大，效率显著改善地区为惠州、中山、东莞、珠海和肇庆，而广州、深圳和佛山则变为效率改善一般地区，江门从效率下降地区变为效率改善一般地区。2017年，广州、深圳、佛山和江门为效率明显改善地区，而中山和肇庆为效率改善一般地区，深圳和东莞则变为效率下降地区。

从空间差异方面来看，珠三角城市群全要素生产率主要有以下特点：

（1）珠三角城市群的全要素生产率呈现多中心的增长模式。广州和深圳在观测年份中，除2014年广州为效率改善一般地区和2017年深圳为效率下降地区以外，其余年份均为效率显著改善地区，值得注意的是珠海的全要素生产率在4个年份中一直处于效率显著改善地区。2002—2018年中，广州全要素生产率均大于1，只是上下增加的幅度不同，深圳仅有6个年份全要素生产率小于1，珠海仅有1年全要素生产率小于1。

珠三角城市群呈现出由广州和深圳构成“两主”、珠海为“一副”的多中心发展模式，这得益于一直以来的政策规划与实施。广东省政府根据珠三角城市群近年来各城市的经济发展状况，为促进区域经济的协调发展，明确指出将经济发展的区域中心调整为“两主一副”模式，并提出了区域发展的空间结构，加速构建区域空间网络，鼓励更加开放的发展模式，为以多中心城市群的经济协调发展提供了具有现实意义的政策指导❶。2008年受金融危机的影响，珠三角城市群的经济发展方式急需转变，此时国家发展和改革委员会❷指出，仍要延续珠三角的多中心发展模式，并强调了以“广佛肇、珠中江、深莞惠”为主的三大经济圈区域空间结构，促进区域经济一体化的发展。已有研究表明，多中心的区域空

❶ 广东省人民政府．印发《珠江三角洲城镇群协调发展规划（2004—2020）》的通知［R/OL］．2005-08-31.

❷ 国家发展和改革委员会.《珠江三角洲地区改革发展规划纲要（2008—2020年）》［R/OL］．2008-12-08.

间结构对城市群经济增长以及产业结构的调整有积极影响，对城市规模起到良好的控制作用，且能够促进工业的发展（韦亚平等，2006；朱政等，2011；晁恒等，2014）❶~❸。

（2）珠三角城市群的全要素生产率呈现出“中心-外围”的发展模式。以广州和深圳为核心发展区域，通过其扩散与辐射效应，带动紧密围绕核心地区的周边地区效率的提升，促进了珠海、佛山、东莞和中山地区的发展，并带动外围的惠州、江门和肇庆的发展，最终构成紧密联系的空间网络，从而促进整个珠三角外围以及整个地区经济的增长。

（3）珠三角城市群的全要素生产率存在空间差异性。核心发展地区广州与深圳的全要素生产率相对稳定，其辐射带动作用促使紧密围绕地区的全要素生产率也相对平稳地发展，但惠州、江门和肇庆的全要素生产率不稳定，惠州仅在观测的 4 个年份中呈现出效率显著改善的情况，在其余年份中效率均处于下降水平，2003 年下降到 0.511，为 9 市中效率最小值。自 2014 年后，惠州、江门和肇庆全要素生产率有明显改善，但与其他城市仍有一定的差距，需要进一步找出提升全要素生产率的有效途径。

（4）珠三角城市群形成了双中心结构的发展模式，以广州和深圳作为其经济增长的核心，由于深圳的全要素生产率发展不平衡，导致其对邻近地区的带动作用受限。在观测的 4 个年份中，深圳的全要素生产率由显著改善到效率下降，全要素生产率由改善逐渐放缓，且空间相关性也在不断变化与调整，最终使其辐射带动效应不稳定。深圳作为珠三角城市群经济发展的对外窗口之一，对内起着推动区域经济发展的作用，对外则是连通贸易的枢纽，其全要素生产率的明显变动，使以外向型经济为主的珠三角城市群的全要素生产率呈现波动趋势（李国平等，2001）❹。因此，加强广州与深圳两地的互补性，转变深圳的经济增长方，才能够进一步提高珠三角城市群全要素生产率拉动经济的作用（覃武等，2010）❺。

---

❶ 韦亚平，赵民．都市区空间结构与绩效——多中心网络结构的解释与应用分析［J］．城市规划，2006（4）：9-16.

❷ 朱政，郑伯红，贺清云．珠三角城市群空间结构及影响研究［J］．经济地理，2011，31（3）：404-408.

❸ 晁恒，马学广，李贵才．珠江三角洲地区多中心空间结构的特征及演变［J］．地域研究与开发，2014，33（6）：12-18.

❹ 李国平，王立明，杨开忠．深圳与珠江三角洲区域经济联系的测度及分析［J］．经济地理，2001（1）：33-37.

❺ 覃武，谭砚文．深圳经济增长因素分析：1979—2007——基于全要素生产率视角［J］．城市发展研究，2010，17（3）：97-102，108.

4.3　产业共聚对全要素生产率的空间效应分析

4.3.1　空间溢出效应分析

产业共聚对全要素生产率的增长具有空间溢出效应，主要表现为：第一，从产业集聚视角来看，产业集聚对区域经济增长具有积极的影响，同时对区域全要素生产率有正向的空间溢出效应（范剑勇，2006；刘修岩，2009；孙浦阳等，2013）❶~❸。也有部分学者认为，产业集聚对于全要素生产率及其增长毫无关联，甚至产生负向效应（罗勇等，2005；Bautista，2006）❹❺。第二，从生产性服务业集聚视角来看，其对生产率的影响具有空间效应，多样化的服务业集聚不仅能够为制造业提供服务，并推动产业空间网络的形成与发展，还能够产生知识与技术的溢出效应，对本地以及周边地区生产效率产生积极的推动作用（冯泰文，2009；惠炜等，2016；于斌斌，2017）❻~❽。第三，工业集聚对生产率的影响具有空间效应，工业集聚可以促进区域经济发展并提升生产率，近年来区域空间的依赖性不断增强，工业集聚能够促进劳动生产率的提高，也能够带动上下游产业链的发展，同时也造成了地区间经济水平和效率提升不平衡现象的产生（陈钊，2007；柯善咨等，2008；邓若冰等，2016）❾~⓫。第四，从产业共聚视角出发，

❶ 刘修岩．集聚经济与劳动生产率：基于中国城市面板数据的实证研究［J］．数量经济技术经济研究，2009，26（7）：109-119.

❷ 范剑勇．产业集聚与地区间劳动生产率差异［J］．经济研究，2006（11）：72-81.

❸ 孙浦阳，韩帅，许启钦．产业集聚对劳动生产率的动态影响［J］．世界经济，2013，36（3）：33-53.

❹ 罗勇，曹丽莉．中国制造业集聚程度变动趋势实证研究［J］．经济研究，2005（8）：106-115，127.

❺ BAUTISTA A D. Agglomeration economics，economic growth and the new economic geography in mexico［R］．Working Paper，Econ WPA，2006.

❻ 冯泰文．生产性服务业的发展对制造业效率的影响——以交易成本和制造成本为中介变量［J］．数量经济技术经济研究，2009，26（3）：56-65.

❼ 惠炜，韩先锋．生产性服务业集聚促进了地区劳动生产率吗?［J］．数量经济技术经济研究，2016，33（10）：37-56.

❽ 于斌斌．生产性服务业集聚能提高制造业生产率吗？——基于行业、地区和城市异质性视角的分析［J］．南开经济研究，2017（2）：112-132.

❾ 陈钊．政府行为、市场整合、工业集聚与地区差距——中国区域经济发展的经济学逻辑［J］．学习与探索，2007（2）：124-129.

❿ 柯善咨，姚德龙．工业集聚与城市劳动生产率的因果关系和决定因素——中国城市的空间计量经济联立方程分析［J］．数量经济技术经济研究，2008，25（12）：3-14.

⓫ 邓若冰，刘颜．工业集聚、空间溢出与区域经济增长——基于空间面板杜宾模型的研究［J］．经济问题探索，2016（1）：66-76.

产业共聚对生产效率的影响具有空间效应，制造业和生产性服务业的共同集聚能够提升外部经济效应，从而形成产业间的良性互动，并提升劳动生产率，但二者共聚也会产生拥挤效应和沉默成本，产生阻碍地区经济发展和生产率增长的抑制作用（Wood，2006；陈晓峰等，2014；张治栋等，2019）❶~❸。

综合上述文献研究，多数学者认为产业的集聚与共聚能够使全要素生产率得到改善，存在少数负向方面的影响研究。为此，在空间中，产业共聚对于邻近区域会产生何种空间效应？是通过全要素生产率分解要素中哪一种效率实现的？这些问题均有待进一步探索。同样地，全要素生产率的改进也受其他因素的影响，例如工资水平、政府规模、产业结构以及全要素生产率自身及其交互影响所具有的空间外溢效应等，都会在空间中对全要素生产率产生交互影响（刘伟等，2008；都阳等，2009；彭文慧，2013；刘建国等，2014）❹~❼。

本地区产业共聚的形成与发展带来的空间溢出效应，将进一步作用于全要素生产率的增长，在同一区域内的其他地区所形成的产业共聚同样也会作用于本地或者其他地区的全要素生产率，并对其分解要素产生影响。这种影响的空间范围包括邻近地区、不相邻但距离相近的地区或经济发展水平较相似的地区。

（1）不同区域内的产业共聚对本地技术效率的影响。产业共聚并不总能带来全要素生产率的增长，是存在积极与消极影响两方面的。积极影响包括：第一，基于 MAR 外部性的影响。区域空间产业共聚具有辐射带动作用，区域经济的发展并不是一个孤立的发展过程，各经济要素在空间的流通过程中可以将各个经济体联系成为一个整体。因此，以城市群内产业共聚发展为研究视角时，产业共聚产生的空间溢出效应会对本地和周边地区同时产生一定的影响，也就是说，当本地企业或产业由于生产条件的改善提高了生产效率时，本地或周边地区的同行业会纷纷效仿，最终其学习和模仿效应将使区域内的生产技术效率得到改善

❶ WOOD P. Urban development and knowledge-intensive business services：Too many unanswered questions?［J］. Growth and Change，2006，37（3）：335-361.

❷ 陈晓峰，陈昭锋．生产性服务业与制造业协同集聚的水平及效应——来自中国东部沿海地区的经验证据［J］．财贸研究，2014，25（2）：49-57.

❸ 张治栋，陈竞．异质性产业集聚及其协同发展对经济效率的影响——以长江经济带 108 个城市为例［J］．工业技术经济，2019，38（6）：97-104.

❹ 刘伟，张辉．中国经济增长中的产业结构变迁和技术进步［J］．经济研究，2008，43（11）：4-15.

❺ 都阳，曲玥．劳动报酬、劳动生产率与劳动力成本优势——对 2000—2007 年中国制造业企业的经验研究［J］．中国工业经济，2009（5）：25-35.

❻ 彭文慧．社会资本、产业集聚与区域工业劳动生产率空间差异［J］．经济学动态，2013（11）：6.

❼ 刘建国，张文忠．中国区域全要素生产率的空间溢出关联效应研究［J］．地理科学，2014，34（5）：522-530.

（柳坤等，2012）❶。第二，产业共聚的互动关系。区域内产业的发展是在一个紧密联系的产业空间网络，本地厂商在考虑生产成本时，可接受来自周边地区厂商的中间投入，通过跨区域产业的互动关系在一定程度上降低生产成本，提高生产效率。

此外，不同地区的产业共聚也会对生产效率造成不良影响。第一，在区域空间中，产业共聚的发展存在两种效应，即本地市场效应和地区间的竞争效应（陈健生等，2015）❷，其他地区的产业共聚可能会抢夺本地的生产要素，形成"袭夺效应"，当本地资源被企业抢占时，其他地区拥有较优质的资源，或因产业共聚形成了良好的生产效率环境，企业便选择退出本地市场，改为迁入具有良好资源和生产效率的地区，即迁入效应。同样地，当其他地区的企业发展较好时，会对本地集聚区内发展水平较低的企业产生挤出效应，也就是说在同一区域或空间内的产业共聚、互惠效应和挤出效应同时存在（于斌斌等，2014）❸。第二，基于 Porter 外部性的影响。竞争使企业间有了业绩评价的标准，既带来竞争压力也产生激励效果（吴方等，2005）❹。竞争效应不仅出现在本地，区域空间内的竞争效应使本地竞争力较弱的企业为了增强竞争力，通常会在保证收益的情况下增加技术等要素的投入，最终导致本地生产效率的下降。

（2）不同区域内的产业共聚对本地技术进步的影响。当溢出成本小于溢出收益时，不同地区产业共聚对本地技术进步通常会产生积极的影响。第一，基于 MAR 外部性与 Jacobs 外部性的共同作用。根据 MAR 外部性理论，知识与技术的溢出效应会在相同行业但不同地区间产生；Jacobs 外部性指出，知识与技术的溢出效应对于异质性产业间有更明显的作用。因此，不管是相同行业还是不同行业，同一地区还是不同地区，知识与技术的溢出效应均会促进本地技术进步。第二，基于 Porter 外部性的影响。基于竞争压力，本地产业若想在行业中保持竞争地位必须学习先进技术，避免被周边地区相关企业或产业赶超，在一定程度上推动了技术的进步。第三，基于学习与赶超效应。当学习的收益大于成本时，本地产业倾向于向周边地区学习，可以通过学习效应促进技术的进步，赶超效应亦如此。

（3）不同区域内的产业共聚对本地规模效益的影响。不同区域内的产业共聚对本地规模效益有积极的推动作用。本地与周边地区产生产业共聚时，产生的

---

❶ 柳坤，申玉铭，刘辉．中国三大城市群服务业规模结构及演化特征［J］．地理科学进展，2012，31（10）：1289-1294.

❷ 陈健生，李文宇，刘洪铎．区域竞争、本地市场效应与产业集聚——一个包含政府部门的新经济地理分析［J］．产业经济研究，2015（1）：83-92.

❸ 于斌斌，胡汉辉．产业集群与城市化共生演化的机制与路径——基于制造业与服务业互动关系的视角［J］．科学学与科学技术管理，2014，35（3）：58-68.

❹ 吴方，李盛利，张辉．产业集聚效应与区域竞争优势［J］．农机化研究，2005（3）：302.

MAR外部性能够提升生产效率并帮助本地企业扩大生产规模。基于投入产出视角，周边地区对本地产品的需求推动本地产业扩大生产规模，还能够通过拓宽本地市场进一步扩大生产规模。此外，不同区域内的产业共聚对本地规模效益也有消极影响的方面。与积极影响相反，不同地区的产业共聚往往会抑制本地产业的规模，由于资源的有限性，当周边地区产业共聚水平较高时更容易抢夺本地资源，本地生产规模的发展往往受限。再者，本地产品会受到其他地区产品的挤压，当周边地区生产效率、产品质量共同提高时，本地相同类型产品将不具有竞争力，本地同类型产业便不会扩充其生产规模。

结合以上分析，一个地区的全要素生产率及其分解要素既可以受本地影响，还可以受相邻地区的影响，具有空间上的关联性和溢出效应。对于影响因素的研究，还包括产业共聚、全要素生产率本身和其他影响因素等方面。因此，本书以促进全要素生产率为研究前提，针对全要素生产率的交互效应所产生的空间溢出效应做进一步分析，着重对产业共聚作用于全要素生产率的空间效应展开讨论。

4.3.2 空间相关性检验

4.3.2.1 全局空间自相关检验

通过以上分析，为了进一步研究多样化产业共聚对全要素生产率（TFP）的影响，在建立多样化产业共聚与全要素生产率及其分解要素的空间计量模型之前，对全要素生产率做空间相关性检验。

通过2002—2018年全要素生产率及其分解要素的全局莫兰指数检验结果可以分析出，至少有3个年份通过了10%显著性检验，按各年份莫兰指数分析，仅有4个年份的指数值为正，其余均为负，莫兰指数波动频繁，说明构成全要素生产率的分解要素存在空间自相关的差异性，需要对其分解要素进行空间效应检验。通过分解要素技术效率（Effch）、技术进步（Tech）和规模效率（Sech）的全局莫兰检验结果可知，技术效率共有7个年份系数为负，技术进步和规模效率共有12个年份系数为负，可见分解要素的空间相关性存在差异性。技术效率（Effch）共有4个年份通过了显著性检验，其中通过了5%显著性检验的有3个年份，通过10%显著性检验的有1个年份，通过显著性检验的4个年份系数均为正；从技术进步（Tech）检验结果可知，通过显著性检验的系数均为正，2012年的结果通过了1%显著性水平检验；从规模效率（Sech）的检验结果可知，仅有3年通过了显著性检验，且系数均为正。从分解要素的检验结果可以判断出，各要素空间效应差异性较大，造成TFP的部分年份空间效应不显著且波动频繁。

综合全要素生产率及其分解要素的空间效应分析可以看出，全要素生产率的空间关联性受其分解要素的影响，波动幅度较大，上下浮动的大小具有差异性。2002—2018 年全要素生产率的 Moran's I 指数为负，但并不显著，其中 2011—2015 年的波动幅度较大，2015—2018 年 Moran's I 指数均为负，充分说明珠三角城市群的全要素生产率具有空间竞争效应，但仍在可控范围内。结合全要素生产率及其分解要素的全局莫兰检验分析可以看出，各变量存在空间自相关性，但各变量之间的正负和显著性存在明显差异，且全局自相关仅解释了珠三角城市群全要素生产率的总体特征，有必要通过局部莫兰检验探索全要素生产率的局部空间集聚特征。

4.3.2.2 局部空间自相关检验

观测珠三角城市群全要素生产率的局部空间趋势，具体分析如下：

（1）高-高集聚区（H-H）。H-H 类型代表了本地与周边地区的全要素生产率处于高位，形成了全要素生产率的增长极，但在 4 个观测年份中变动较大，2006 年、2010 年和 2014 年 H-H 显著的集聚区有佛山、惠州和中山，H-H 类型代表当年区域内全要素生产率具有明显的集聚效应。

（2）高-低集聚区（H-L）。H-L 主要分布在核心城市的外侧，总量较少，仅有 2017 年的惠州为显著 H-L 集聚区。H-L 集聚区内处于较高水平的地区能够不断地吸引周边地区的生产要素，产生“虹吸效应”，即在本地具有全要素生产率的较高值，但对周边地区辐射效应不足。

（3）低-低集聚区（L-L）。此种类型在本地以及周边地区的全要素生产率较低，在 4 个观测年份中呈现出逐渐减少的趋势，仅有 2006 年的江门为显著 L-L 类型。

（4）低-高集聚区（L-H）。此类型的集聚区逐渐增多，说明属于该类型的地区自身经济发展能力不足，极易受到周边地区、高值地区以及经济环境变化的影响，从而产生极强的空间竞争效应，不利于区域经济的协调发展，其中以 2014 年的江门为显著 L-H 集聚区的代表。

（5）广州和深圳在 4 个观测年份中的变化较大，特别是核心城市广州，其全要素生产率的空间波动与变化进一步说明近年来珠三角城市群依赖核心城市发展的全要素生产率动力不足，应加快转变经济发展的方向，增强区域间的合作性与协调性。

4.3.3 模型设计与变量选取

4.3.3.1 模型设计

通过空间相关性检验可以看出，全要素生产率及其分解变量有明显的空间效应，为了进一步探究产业共聚对全要素生产率的影响，以及产业共聚对全要素生产率的分解要素的影响，在做实证分析时有必要将空间因素加入到计量模型中。建立基准模型如下：

$$y_{it}=\alpha+\beta\text{MScoagg}_{it}+\omega x_{it}+\mu_i+\eta_t+\varepsilon_{it} \tag{4-4}$$

式中，y_{it}为被解释变量，表示 i 地区 t 时期的全要素生产率（TFP）、技术效率（Effch）、技术进步（Tech）和规模效率（Sech）；MScoagg_{it}为核心解释变量，表示 i 地区 t 时期的产业共聚水平，即多样化产业共聚指数；x_{it}为影响全要素生产率的其他控制变量；β，ω 为代估系数，表示产业共聚水平和其他控制变量对于全要素生产率的影响大小与方向；μ_i 为区域个体效应；η_t 为时间效应；ε_{it}为随机误差项，表示个体与截面所产生影响的误差。

根据前文分析，全要素生产率的变化不仅取决于产业共聚及其他控制变量的影响，还取决于区域内相邻城市的产业共聚及其他控制变量的影响，存在空间外生交互效应，因此可以构建空间滞后模型（SLM）；由于全要素生产率存在空间滞后性，即邻近城市的全要素生产率的提升会对本城市的全要素生产率产生一定的影响，也就是说存在空间内生交互效应，因此也可以建立空间误差模型（SEM）。Lesage 等（2009）[1] 认为，在空间计量模型的选择上，应首先考虑空间杜宾模型（SDM），再根据相关性检验判断是否可以简化为 SLM 模型和 SEM 模型。因为全要素生产率的增长既存在外生交互效应，也存在内生交互效应，因此选择构建空间杜宾模型（SDM）更合适。

综合以上分析，为了更全面地考察产业共聚对本地区以及相邻地区全要素生产率增长的影响，参考基准模型式（4-4），构建 SDM 模型如下：

$$\begin{aligned}\text{TFP}_{it}=&\ \alpha+\rho\sum_{j=1}^{n}W_{ij}\text{TFP}_{jt}+\beta_1\text{MScoagg}_{it}+\sum_{j=1}^{n}\theta_1W_{ij}\text{MScoagg}_{ijt}+\\&\beta_2\text{MLQ}+\sum_{j=1}^{n}\theta_2W_{ij}\text{MLQ}_{ijt}+\beta_3\text{SLQ}x_{it}+\sum_{j=1}^{n}\theta_3W_{ij}\text{SLQ}_{ijt}+\\&\beta_4x_{it}+\sum_{j=1}^{n}\theta_4W_{ij}x_{ijt}+\mu_i+\eta_t+\varepsilon_{it}\end{aligned} \tag{4-5}$$

$$\begin{aligned}\text{Effch}_{it}=&\ \alpha+\rho\sum_{j=1}^{n}W_{ij}\text{Effch}_{jt}+\beta_1\text{MScoagg}_{it}+\sum_{j=1}^{n}\theta_1W_{ij}\text{MScoagg}_{ijt}+\\&\beta_2\text{MLQ}+\sum_{j=1}^{n}\theta_2W_{ij}\text{MLQ}_{ijt}+\beta_3\text{SLQ}x_{it}+\sum_{j=1}^{n}\theta_3W_{ij}\text{SLQ}_{ijt}+\\&\beta_4x_{it}+\sum_{j=1}^{n}\theta_4W_{ij}x_{ijt}+\mu_i+\eta_t+\varepsilon_{it}\end{aligned} \tag{4-6}$$

---

[1] LESAGE J P, PACE R K. Introduction to Spatial Econometrics（Statistics, Textbooks and Monographs）[M] Florida: CRC Press, 2009.

$$\begin{aligned}\mathrm{Tech}_{it} = {} & \alpha + \rho\sum_{j=1}^{n} W_{ij}\mathrm{Tech}_{jt} + \beta_1 \mathrm{MScoagg}_{it} + \sum_{j=1}^{n}\theta_1 W_{ij}\mathrm{MScoagg}_{ijt} + \\ & \beta_2\mathrm{MLQ} + \sum_{j=1}^{n}\theta_2 W_{ij}\mathrm{MLQ}_{ijt} + \beta_3\mathrm{SLQ}x_{it} + \sum_{j=1}^{n}\theta_3 W_{ij}\mathrm{SLQ}_{ijt} + \\ & \beta_4 x_{it} + \sum_{j=1}^{n}\theta_4 W_{ij}x_{ijt} + \mu_i + \eta_t + \varepsilon_{it}\end{aligned} \tag{4-7}$$

$$\begin{aligned}\mathrm{Sech}_{it} = {} & \alpha + \rho\sum_{j=1}^{n} W_{ij}\mathrm{Sech}_{jt} + \beta_1 \mathrm{MScoagg}_{it} + \sum_{j=1}^{n}\theta_1 W_{ij}\mathrm{MScoagg}_{ijt} + \\ & \beta_2\mathrm{MLQ} + \sum_{j=1}^{n}\theta_2 W_{ij}\mathrm{MLQ}_{ijt} + \beta_3\mathrm{SLQ}x_{it} + \sum_{j=1}^{n}\theta_3 W_{ij}\mathrm{SLQ}_{ijt} + \\ & \beta_4 x_{it} + \sum_{j=1}^{n}\theta_4 W_{ij}x_{ijt} + \mu_i + \eta_t + \varepsilon_{it}\end{aligned} \tag{4-8}$$

建立 SDM 模型后应根据相关检验方法判断模型是否可以简化为空间滞后模型（SLM）和空间误差模型（SEM），通过空间依赖性检验（LM）、似然比检验（LR）以及沃尔德检验（Wald）判断，在 LM 检验下，仅有 Tech 模型通过了 SLM 的显著性检验，再通过 LR 和 Wald 检验判断空间杜宾模型是否更适用，SEM 假设在 1% 显著水平下被拒绝，SLM 假设未被拒绝，Hausman 检验结果为 -6. 35，故选择 SLM 随机效应模型较为合理。TFP、Effch 和 Sech 模型在 LM 检验下均未通过显著性检验，LR 和 Wald 检验结果中，SLM 和 SEM 的假设在 1% 和 5% 的显著性水平下被拒绝，即 SLM 和 SEM 模型不适用，故选择 SDM 模型。TFP、Effch 和 Sech 模型中 Hausman 检验结果均为正，且 P 值均大于 5% 显著性水平，拒绝选择固定效应模型，应选择 SDM 随机效应模型。

综合上述检验结果分析，除 Tech 模型选择 SLM 随机效应模型以外，TFP、Effch 和 Sech 模型均选择 SDM 随机效应模型更适合作为本章的分析模型。

4. 3. 3. 2　变量选取与数据来源

A　被解释变量

TFP、Effch、Tech 和 Sech 为被解释变量，分别代表全要素生产率、技术效率、技术进步和规模效率。

B　核心解释变量

（1）多样化产业共聚指数（MScoagg）。本章依然沿用多样化产业共聚 MScoagg 指数衡量产业共聚水平。

（2）制造业集聚度（MLQ）和生产性服务业集聚度（SLQ）。考虑到不同行业的产业集聚存在差异，从而导致形成的集聚与拥挤效应也存在差异，这可能会对区域全要素生产率产生差异性的影响，参考于斌斌等（2015）的研究，选择制造业区位熵和生产性服务业区位熵分别考察其对全要素生产率的影响。

C 控制变量

考虑到影响全要素生产率的其他因素，参考已有文献，增加了多个影响全要素生产率的控制变量：

（1）政府规模（gov）。政府对经济的干预程度对于全要素生产率存在一定影响，干预程度越高越不利于市场化的发展，适当的干预也会促进全要素生产率的提高。因此，选择各城市财政收入占 GDP 比重表示政府规模。

（2）工资水平（wage）。随着我国经济的高质量发展，地区间的工资差异逐渐扩大，区域内人民生活质量的提高来自生产效率的提高所带来的工资水平的进步，已有研究表明产业共聚对工资水平和区域全要素生产率产生影响（杨仁发，2013）[1]，有必要在探讨产业共聚影响全要素生产率的研究中加入工资水平变量，因此沿用前一章的变量形式，选择城市职工平均工资表示工资水平。

（3）产业结构对于生产效率的作用力（Mindus、Sindus）。第二产业和第三产业的发展程度决定着一个区域经济的生产效率、规模效率和技术效率等，因此采用第二产业与第三产业增加值占 GDP 比重来衡量其对于生产效率的影响。其中，Mindus 为第二产业增加值占 GDP 比重，Sindus 为第三产业增加值占 GDP 比重。

（4）对外开放程度（FDI）。外商直接投资作为重要的资本存量和衡量对外开放水平的重要指标，已有许多研究证明其在宏观上有促进经济增长的作用（Mello 和 Luiz，1997；毛其淋等，2012；徐建中等，2018）[2]~[4]，在微观上 FDI 的技术溢出效应能否促进区域经济增长或者全要素生产率的提升，在学术界尚未定论，有的学者认为 FDI 能够改善资源配置，但代价是阻碍了生产率的改进（卢荻，2003）[5]。还有一些学者认为，FDI 在短期内有助于全要素生产率的提高，但从长期看，FDI 对于全要素生产率有负向影响（刘舜佳，2008）[6]。汪辉平等（2016）对 FDI 的空间溢出效应和工业 TFP 进行实证分析，发现 FDI 存在显著的

---

[1] 杨仁发．产业集聚与地区工资差距——基于我国 269 个城市的实证研究［J］．管理世界，2013（8）：41-52.

[2] MELLO D，LUIZ R. Foreign direct investment developing countries and growth：A selective survey［J］. Journal of Development Studies，1997，34（1）：1-34.

[3] 毛其淋，盛斌．对外经济开放、区域市场整合与全要素生产率［J］．经济学（季刊），2012，11（1）：181-210.

[4] 徐建中，李奉书，黄婧涵．对外贸易促进中国区域经济增长了吗？——基于 FDI 的双重门槛效应研究［J］．管理现代化，2018，38（2）：21-24.

[5] 卢荻．外商投资与中国经济发展——产业和区域分析证据［J］．经济研究，2003（9）：40-48，93.

[6] 刘舜佳．国际贸易、FDI 和中国全要素生产率下降——基于 1952—2006 年面板数据的 DEA 和协整检验［J］．数量经济技术经济研究，2008，25（11）：28-39，55.

空间溢出效应，对于技术进步和技术效率呈正相关关系[1]。因此，FDI 对产业共聚和全要素生产率的影响有待进一步验证，因此选择实际利用外资金额占 GDP 比重表示对外开放程度，并按历年汇率进行折算。

（5）区域经济发展水平（Develop）。区域经济发展水平表示区域经济发展水平作用于经济效率的影响，因此用全要素生产率与人均 GDP（pgdp）的乘积表示。

（6）交叉项。第一，当 TFP 作为被解释变量时，产业共聚（MScoagg）、工业集聚度（MLQ）和生产性服务业集聚度（SLQ）与人均 GDP（pgdp）交叉项，主要参考孙浦阳等（2011）[2] 和于斌斌（2015）的方法，通过交叉项检验“威廉姆森假说”（Williamson hypothesis）的存在；当 Effch、Tech 和 Sech 作为被解释变量时，产业共聚（MScoagg）、制造业集聚度（MLQ）和生产性服务业集聚度（SLQ）与人均 GDP（pgdp）交叉项，用以检验当不同类型的集聚经济在空间内发展到一定水平时，对技术效率、技术进步和规模效率的作用有所减弱，即 Hoover（1936）在研究产业空间集聚时指出的产业空间集聚存在最优规模[3]。第二，制造业集聚度（MLQ）、生产性服务业集聚度（SLQ）和产业共聚（MScoagg）与对外开放程度（FDI）交叉项，用以检验开放性假说，FDI 表示对外开放程度；对外开放程度能否影响产业共聚对区域全要素生产率的溢出效应有待进一步考察，同时对外开放程度也有可能影响技术效率的改善、技术进步和规模效率的提升。

空间计量模型包含的指标均来自 2001—2019 年珠三角城市群内 9 个核心城市的统计年鉴，还包括《中国统计年鉴》《广东统计年鉴》《中国城市统计年鉴》和中经网统计数据库，缺失数据以插值法补全，所有变量均以标准化方法处理。参考上文，依然沿用“车相邻”的空间权重矩阵。

4.4　实证结果分析

4.4.1　产业共聚对全要素生产率影响的空间计量模型分析

珠三角城市群的产业共聚与全要素生产率的 SDM 随机效应模型分析结果见表 4-1。传统回归的 R^2 为 0.9963，在空间计量模型中的 R^2 为 0.9971，Log-

[1] 汪辉平，王美霞，王增涛. FDI、空间溢出与中国工业全要素生产率——基于空间杜宾模型的研究［J］. 统计与信息论坛，2016，31（6）：44-50.

[2] 孙浦阳，武力超，张伯伟. 空间集聚是否总能促进经济增长：不同假定条件下的思考［J］. 世界经济，2011，34（10）：3-20.

[3] HOOVER M. The measurement of industrial localization［J］. Review of Economies and Statistics，1936（18）：162-171.

likelihood 为 716. 8992，拟合效果有所提高，可见如果用传统回归模型估计不够恰当，如不考虑空间因素则会降低模型的解释力。

表 4-1 产业共聚对全要素生产率影响的空间计量回归结果

变量	OLS	T 值	变量	SDM	Z 值	变量	SDM	Z 值
MScoagg	0. 0722② (0. 0324)	2. 23	MScoagg	0. 0543② (0. 0221)	2. 46	W * MScoagg	0. 1366① (0. 0489)	2. 79
MLQ	0. 0390 (0. 0316)	1. 24	MLQ	-0. 0873① (0. 0181)	-4. 82	W * MLQ	-0. 0765② (0. 0346)	-2. 21
SLQ	-0. 0560③ (0. 0331)	-1. 69	SLQ	0. 0355② (0. 0176)	2. 02	W * SLQ	0. 0767① (0. 0400)	1. 92
gov	-0. 0011 (0. 0000)	-2. 33	gov	-0. 0001 (0. 0005)	-0. 30	W * gov	0. 0036① (0. 0010)	3. 49
FDI	0. 0030 (0. 0031)	0. 97	FDI	-0. 0026 (0. 0040)	-0. 64	W * FDI	-0. 0011 (0. 0071)	-0. 15
wage	0. 0027 (0. 0018)	1. 48	wage	0. 0028 (0. 0036)	0. 77	W * wage	0. 0046 (0. 005	0. 81
Mindus	0. 0088② (0. 0041)	2. 15	Mindus	0. 0140② (0. 0058)	2. 42	W * Mindus	0. 0126 (0. 0097)	1. 30
Sindus	0. 0109② (0. 0055)	1. 99	Sindus	0. 0090 (0. 0070)	1. 29	W * Sindus	0. 0115 (0. 0146)	0. 79
$MScoagg^2$	-0. 0042 (0. 0046)	-0. 91	$MScoagg^2$	-0. 0026 (0. 0052)	-0. 49	W * $MScoagg^2$	0. 0017 (0. 0132)	0. 13
MLQ^2	-0. 0003 (0. 0028)	-0. 10	MLQ^2	-0. 0056③ (0. 0031)	-1. 80	W * MLQ^2	-0. 0290① (0. 0083)	-3. 51
SLQ^2	0. 0001 (0. 0001)	1. 27	SLQ^2	0. 0001 (0. 0001)	1. 46	W * SLQ^2	0. 0001 (0. 0002)	0. 37
MScoagg × pgdp	-0. 0074② (0. 0034)	-2. 16	MScoagg × pgdp	-0. 0068 (0. 0056)	-1. 23	W * MScoagg × pgdp	-0. 0212③ (0. 0110)	-1. 94
MLQ × pgdp	0. 0095② (0. 0045)	2. 11	MLQ × pgdp	0. 0145① (0. 0042)	3. 24	W * MLQ × pgdp	0. 0134③ (0. 0086)	1. 57
SLQ × pgdp	-0. 0027 (0. 0029)	-0. 94	SLQ × pgdp	-0. 0059 (0. 0042)	-1. 39	W * SLQ × pgdp	-0. 0188② (0. 0093)	-2. 03
MScoagg × FDI	-0. 0056 (0. 0059)	-0. 94	MScoagg × FDI	0. 0099 (0. 0090)	1. 11	W * MScoagg × FDI	-0. 0020 (0. 0167)	-0. 12

续表 4-1

变量	OLS	*T* 值	变量	SDM	*Z* 值	变量	SDM	*Z* 值
MLQ×FDI	-0.0145② (0.0067)	-2.17	MLQ×FDI	-0.0119② (0.0054)	-2.22	W*MLQ×FDI	-0.0032 (0.0111)	-0.29
SLQ×FDI	0.0121② (0.0052)	2.35	SLQ×FDI	0.0051 (0.0048)	1.06	W*SLQ×FDI	-0.0074 (-0.0010)	-0.74
Develop	0.2169① (0.0014)	159.21	Develop	0.2184① (0.0013)	163.92	W*Develop	0.0629① (0.0219)	2.87
			spacial rho (ρ)	-0.2996① (0.1008)	-2.97			
			Log-likelihood	716.8992				
R^2	0.9963		R^2	0.9971				
观测值	153		观测值	153				

注：(1)①、②、③分别代表在1%、5%和10%水平上显著。(2) 括号内代表标准差。

资料来源于作者通过 STATA 软件测算。

从回归结果看，空间相关系数（ρ）为 -0.2996，在1%显著水平下显著为负，说明珠三角城市群内全要素生产率呈现负向的空间效应，即本地的全要素生产率增长可能会对周边城市的全要素生产率产生消极影响，该结果与吴玉鸣等(2006）和孙学涛等（2018）研究一致，表明珠三角城市群内全要素生产率的空间竞争效应明显，本地生产率的提高对于周边地区或具有相似生产率的地区产生抑制其增长的作用。

4.4.1.1 产业共聚对全要素生产率的影响

在表 4-1 的回归结果中，制造业集聚度（MLQ）、生产性服务业集聚度（SLQ）和产业共聚（MScoagg）直接作用的一次项系数分别通过了1%和5%的显著性水平检验，其中制造业集聚度（MLQ）的直接作用系数为 -0.087，在1%水平下显著为负，生产性服务业集聚度（SLQ）的直接作用系数在5%水平下显著为正，系数为0.0355。产业共聚（MScoagg）的直接作用系数在5%水平下显著为正，系数为0.0543，产业共聚（MScoagg）的空间滞后项系数在1%水平下显著为正，说明产业共聚（MScoagg）对本地和相邻地区的全要素生产率均有促进作用。

在制造业集聚度（MLQ^2）、生产性服务业集聚度（SLQ^2）和产业共聚（$MScoagg^2$）直接作用的二次项系数中，仅有制造业集聚度（MLQ^2）在10%水平下显著为负，生产性服务业集聚度（SLQ^2）和产业共聚（$MScoagg^2$）的二次项系数均不显著，说明考虑到珠三角城市群的经济发展水平和开放程度的情况下，产业共聚并无显著的拥挤效应；在制造业集聚的过程中，应控制产业的同质化竞争趋势，避免出现不良的竞争趋势。

产业共聚对于全要素生产率具有促进作用，这与大多数学者的结论相同。值得注意的是，产业共聚对于全要素生产率的影响显著为正，这主要是因为生产性服务业的集聚对于全要素生产率带来的集聚效应抵消了制造业带来的阻滞效应，生产性服务业的集聚对于制造业生产效率有积极的促进作用，且生产性服务业的产业发展水平、信息化水平和空间溢出效应对于制造业的生产效率都有显著的提升作用（张振刚等，2014）❶。同时，为了迎合制造业的产业发展需求，生产性服务业需要不断提高自身的服务水平和产品质量，为制造业提供更高级的生产要素以及中间投入品，产生了前向的溢出效应；生产性服务业的投入要素也包括制造业生产的产品，技术进步和专业化水平的提高使生产性服务业的生产方式和管理运作模式更倾向于为制造业服务，对于制造业产生后向溢出效应，这种前后向的溢出效应，使二者之间产生了循环因果累积效应，进一步促进了产业共聚的正向溢出效应（黄莉芳等，2011）❷。

虽然生产性服务业集聚和产业共聚对于全要素生产率的提升均为正向溢出效应，但制造业集聚度对于全要素生产率的影响显著为负与珠三角城市群经济发展的实际相符。通过本书第3章的分析可知，首先，珠三角城市群的产业类型多属于劳动密集型产业，具有附加价值低和准入门槛低的特点，劳动密集型产业的集聚虽然为经济贡献了增长的动力，但对于生产率的提升帮助甚微；其次，珠三角城市群内的制造业集聚具有“三高一低”的特点，即高投入、高消耗、高污染和低效益的特征，且制造业同质化竞争明显，存在过度竞争趋势（李民梁等，2019）❸，技术溢出效应自然不明显，这些因素都阻碍了制造业生产率的提高和利润的增加；最后，珠三角城市群产业结构不合理现象较明显，虽然生产性服务业得以快速发展，但并不能与制造业产生良好的配合，存在挤出效应，各城市具有的生产性服务业种类不同，大多处于技术水平较低的服务业，例如批发零售业和运输仓储与邮政业等，以制造业为主导的产业格局仍未改变，生产性服务业促进全要素生产率的动力不足（胡霞等，2019）❹。

结合地理邻接矩阵的特性，从回归结果的空间滞后项系数中可以看出，产业共聚（MScoagg）无论是对于本地全要素生产率的影响还是对相邻地区的全要

❶ 张振刚，陈志明，胡琪玲．生产性服务业对制造业效率提升的影响研究［J］．科研管理，2014，35（1）：131-138.

❷ 黄莉芳，黄良文，郭玮．生产性服务业对制造业前向和后向技术溢出效应检验［J］．产业经济研究，2011（3）：29-37.

❸ 李民梁，张玉强．广东沿海经济带空间结构与功能作用分析［J］．广东开放大学学报，2019，28（6）：32-38.

❹ 胡霞，古钰．粤港澳大湾区城市产业发展比较研究［J］．开发研究，2019（3）：10-20.

素生产率增长都产生积极的作用；制造业集聚度（MLQ）的空间滞后一次项系数为 -0.0765，在5%水平下显著为负，说明制造业的本地集聚对于周边地区的全要素生产率产生了抑制作用，而生产性服务业集聚度（SLQ）和产业共聚（MScoagg）的本地集聚均对周边地区产生积极的溢出效应，空间滞后一次项系数分别在10%和1%的水平下显著为正。制造业集聚度（MLQ^2）的空间滞后二次项系数在1%水平下显著为负，说明制造业的过度集聚所产生的拥挤效应，进一步抑制了周边地区全要素生产率的增长，而生产性服务业（SLQ^2）和产业共聚（$MScoagg^2$）的空间滞后二次项系数不显著。本地制造业的集聚对周边地区全要素生产率产生抑制作用可能的原因是，制造业的高度集聚对周边地区产生"虹吸效应"，使得劳动力、技术、资金等资源不断从周边城市转移到较为发达的核心城市集聚区，以追求更大的利益，这时核心城市的生产效率将不断提高，如珠三角城市群内的广州、深圳，而相对欠发达的地区全要素生产率的改善速度将逐渐降低。

虽然制造业集聚度（MLQ）对于全要素生产率的影响显著为负，但在与人均GDP的直接作用交叉项系数（MLQ × pgdp）在1%水平下显著为正，即验证了威廉姆森假说，但并未呈现出倒"U"形的发展趋势，而是呈现出"N"形的发展趋势，即当制造业集聚在经济发展的初期对于效率提升是正向的影响，当发展到中期时产生了抑制的作用，而随着经济水平的不断提升，又产生了促进作用，且该过程在对相邻地区的影响中同样存在。另外，虽然产业共聚（MScoagg）对于全要素生产率的直接作用系数显著为正，在其与对外开放度的直接作用交叉项系数（MScoagg × FDI）中却不显著，说明对外开放程度的提高削弱了其对生产效率的正向影响。在生产性服务业集聚度的直接作用系数（SLQ）为0.0355，在5%水平下显著为正，但其与FDI的直接作用交叉项系数（SLQ × FDI）为0.0051，不显著，同样说明开放性假说的存在。

4.4.1.2　控制变量对全要素生产率的影响

工资水平（wage）无论是对于本地还是对于相邻地区的全要素生产率的影响都为正，但不显著，可见工资水平可以促进地区全要素生产率的提升，但并不起着关键作用。区域经济发展水平（Develop）作用于全要素生产率的系数显著为正，说明随着经济发展水平的提升，对于全要素生产率的增长有着积极的影响。在产业结构（Mindus、Sindus）变量中，第二产业仍是推动本地全要素生产率提升的主要动力，第三产业对于本地和相邻地区全要素生产率提升也有积极作用，但不显著。对外开放程度（FDI）无论是在本地还是相邻地区的增长，都不利于全要素生产率的提升，这可能是珠三角城市群的对外贸易仍处于来料加工等低价值链出口贸易为主的原因，无法发挥出对外投资实际价值。政府规模（gov）的扩大不利于本地全要素生产率的提升，但对于相邻地区的全要素生产率具有促进作用，这可能与珠三角城市群特殊的政策环境有关，即“腾笼换鸟”和“造林引凤”以及“双转移”战略在珠三角城市群实施后产生了一定的积极效果，劳动密集型产业的转移促进了产业转移承接地全要素生产率的提升，但核心地区的技术密集型产业发展仍不完善，效率改善不明显。由于空间滞后项系数不能全面地反映本地与相邻地区相互作用于全要素生产率的增长效应，因而有必要对产业共聚作用于全要素生产率的空间效应作进一步分析。

4.4.2 产业共聚对全要素生产率的空间效应分析

通过空间效应分析，可以明确产业共聚以及单一产业集聚度对于全要素生产率的空间影响。表 4-2 列出了产业共聚作用于全要素生产率的直接效应、间接效应和总效应。

表 4-2 产业共聚作用于全要素生产率的空间效应

变量	直接效应	间接效应	总效应	变量	直接效应	间接效应	总效应
MScoagg	0. 0420② (0. 0205)	0. 1001② (0. 0409)	0. 1429① (0. 0476)	MLQ^2	−0. 0030 (0. 0032)	0. 0231① (0. 0069)	0. 0261① (0. 0073)
MLQ	−0. 0834① (0. 0168)	−0. 0436 (0. 0282)	−0. 1270② (0. 0312)	SLQ^2	0. 0001 (0. 0001)	0. 0003 (0. 0002)	0. 0004 (0. 0002)
SLQ	0. 0305③ (0. 0164)	0. 0588③ (0. 0311)	0. 0893① (0. 0350)	MScoagg × pgdp	−0. 0050 (0. 0052)	−0. 0160③ (0. 0093)	−0. 0210② (0. 0104)
gov	−0. 0005 (0. 0005)	0. 0032① (0. 0008)	0. 0027① (0. 0009)	MLQ × pgdp	0. 0138① (0. 0040)	0. 0079 (0. 0070)	0. 0217② (0. 0104)
FDI	−0. 0024 (0. 0040)	−0. 0004 (0. 0061)	−0. 0028 (0. 0066)	SLQ × pgdp	−0. 0045 (0. 0039)	−0. 0151② (0. 0072)	−0. 0196② (0. 0083)
wage	0. 0024 (0. 0040)	0. 0029 (0. 0054)	0. 0053 (0. 0050)	MScoagg × FDI	0. 0100 (0. 0084)	−0. 0038 (0. 0144)	0. 0062 (0. 0160)
Mindus	0. 0129② (0. 0055)	0. 0078 (0. 0079)	0. 0207② (0. 0101)	MLQ × FDI	−0. 0121① (0. 0052)	0. 0005 (0. 0090)	−0. 0116 (0. 0104)
Sindus	0. 0084 (0. 0068)	0. 0086 −0. 0123	0. 0170 (0. 0140)	SLQ × FDI	0. 0060 (0. 0046)	−0. 0080 (0. 0085)	−0. 0021 (0. 0099)
$MScoagg^2$	−0. 0028 (0. 0051)	0. 0020 (0. 0110)	−0. 0008 (0. 0123)	Develop	0. 2187① (0. 0015)	−0. 0024 (0. 0017)	0. 2163① (0. 0015)

注：(1) ①、②、③分别代表在 1%、5% 和 10% 水平上显著。(2) 括号内代表标准差。

资料来源于作者通过 STATA 软件测算。

由表4-2可以看出，产业共聚（MScoagg）作用于全要素生产率的直接效应系数大小和显著性与表4-1基本一致，间接效应系数的显著性与空间滞后项系数略有不同，其中制造业集聚度（MLQ）的空间滞后项系数可能高估了产业共聚对于相邻城市的竞争效应。具体来说，制造业集聚对于相邻地区的全要素生产率影响的间接效应系数减小且不显著，说明制造业集聚对于相邻地区全要素生产率的抑制作用不显著，但对于本地全要素生产率的提升仍产生较强的抑制作用。生产性服务业集聚度（SLQ）和产业共聚（MScoagg）对于本地或相邻地区的全要素生产率的影响都有显著的正向空间溢出效应，全要素生产率的增长能够通过生产性服务业集聚和产业共聚产生积极的促进作用，这一点从总效应中也可以看出来。就总效应而言，产业共聚（MScoagg）对于全要素生产率具有明显的促进作用，总效应系数大于直接效应系数与间接效应系数，但制造业集聚依然不利于全要素生产率的增长，产业共聚对于全要素生产率的积极影响主要来自生产性服务业集聚的积极作用，并抵消了来自制造业集聚对于全要素生产率增长的抑制作用。

在控制变量的空间分解效应中，政府规模（gov）的直接效应系数与直接作用系数差别不大，对于全要素生产率的增长并无显著作用，间接效应与空间滞后项系数大小和方向基本一致，对于全要素生产率都有积极的推动作用，政府规模（gov）的总效应系数显著为正。结合前述分析，说明在珠三角城市群全要素生产率的增长中政府决策等因素起着关键的作用。对外开放程度（FDI）在产业共聚作用于全要素生产率的三种分解效应系数均为负，但不显著。工资水平（wage）对于全要素生产率的三种分解效应作用力均为正，但不显著；产业结构（Mindus、Sindus）在产业共聚作用于全要素生产率的三种分解效应中，第二产业对于全要素生产率的增长有明显推动力。在产业共聚与人均GDP的交叉项（MScoagg × pgdp）的空间效应中，间接效应系数小于空间滞后项系数，说明空间滞后项系数高估了地区间的抑制效应。在制造业集聚度与FDI交叉项（MLQ × FDI）的直接效应系数中可以看出，随着对外开放水平的提高制造业集聚对于全要素生产率的影响显著为正，而直接作用系数则高估了该影响。

4.4.3　产业共聚对全要素生产率各分解要素的空间计量模型分析

根据空间计量模型检验及识别结果和Hausman检验结果可知，Effch与Sech作为被解释变量时选用SDM随机效应模型，当Tech作为被解释变量时选用SLM随机效应模型。由于篇幅的限制，不再呈现混合OLS的回归结果以及控制变量的空间滞后项回归结果。

表4-3为全要素生产率各分解要素的空间计量回归结果，三个模型的拟合优度均高于传统计量模型，因此在做实证分析时应考虑空间因素。从回归结果来

看，Effch 和 Tech 分解要素作为被解释变量时，空间自相关系数（ρ）均在 1% 水平下显著为正，说明本地技术效率改善、技术进步对相邻地区均产生正的溢出效应。Sech 分解要素作为被解释变量时，空间自相关系数（ρ）在 5% 水平下显著为负，说明本地规模效率变化对相邻地区产生负的溢出效应，也可以说，相邻城市的技术效率改善和技术进步的变化有助于本地的技术效率改善和技术进步效率的提升，而相邻地区的规模效率的提升会抑制本地规模效率的改善。

表 4-3 产业共聚对全要素生产率各分解要素影响的空间计量回归结果

变 量	Effch		Tech		Sech	
	SDM	Z 值	SLM	Z 值	SDM	Z 值
MScoagg	-0.0062 (0.0160)	-0.38	0.0519① (0.0187)	2.71	-0.0114 (0.0216)	-0.53
MLQ	-0.0378② 0.0191	-1.98	-0.0128 (0.0193)	-0.66	0.0101 (0.0186)	0.54
SLQ	0.0472① (0.0176)	2.69	0.0389② (0.0187)	2.08	0.0468② (0.183)	2.56
gov	-0.0001 (0.0005)	-0.21	-0.0005 (0.0005)	-0.93	0.0005 (0.0005)	0.88
FDI	0.0035② (0.0017)	2.03	-0.0018 (0.0019)	-0.96	0.0009 (0.0022)	0.42
wage	-0.0056① (0.0020)	-2.84	0.0109① (0.0022)	4.90	-0.0079 (0.0036)	-2.22
Mindus	-0.0068 (0.0042)	-1.64	0.0202① (0.0045)	4.47	-0.0120③ (0.0065)	-1.83
Sindus	-0.0069 (0.0067)	-1.04	0.0210① (0.0072)	2.91	-0.0159② (0.0073)	-2.16
$MScoagg^2$	-0.0092 (0.0046)	-1.00	0.0091 (0.0052)	1.09	-0.0104 (0.0057)	-1.03
MLQ^2	0.0020 (0.0026)	0.76	-0.0080② (0.0030)	-2.35	0.0047 (0.0033)	1.42
SLQ^2	0.0001③ (0.0001)	1.76	-0.0003 (0.0001)	-0.48	0.0001③ (0.0001)	1.68
MScoagg × pgdp	0.0018 (0.0034)	0.54	-0.0083② (0.0040)	-2.09	0.0029 (0.0043)	0.69
MLQ × pgdp	0.0047 (0.0045)	1.03	0.0023 (0.0047)	0.49	-0.0033 (0.0043)	-0.76

续表 4-3

变　量	Effch		Tech		Sech	
	SDM	Z 值	SLM	Z 值	SDM	Z 值
SLQ × pgdp	-0.0075③ (0.0041)	-1.85	0.0082② (0.0043)	1.89	-0.0104② (0.0043)	-2.43
MScoagg × FDI	-0.0008 (0.0036)	-0.22	0.0092 (0.0040)	2.30	-0.0020 (0.0035)	-0.57
MLQ × FDI	-0.0114② (0.0052)	-2.21	-0.0023 (0.0058)	-0.40	-0.0051 (0.0052)	-0.98
SLQ × FDI	0.0043 (0.0036)	1.22	0.0053 (0.0039)	1.36	-0.0061③ (0.0037)	-1.66
Develop	0.2195① (0.0015)	151.20	0.2099① (0.0026)	80.00	0.2180① 0.0017	124.90
W * MScoagg	-0.0415 (0.0543)	-0.76			-0.0184 (0.0464)	-0.40
W * MLQ	0.0072 (0.0410)	0.18			0.0386 (0.0345)	1.12
W * SLQ	0.0534③ (0.0444)	1.20			-0.0034 (0.0363)	-0.09
spacial rho（ρ）	0.0288① (0.0088)	3.29			-0.2618② (0.0105)	-2.49
spacial lambda（λ）			0.0408① (0.0125)	3.28		
Log-likelihood	683.5546		666.7351		718.8100	
R^2	0.9957		0.9956		0.9962	
观测值	153		153		153	

注：(1)①、②、③分别代表在 1%、5% 和 10% 水平上显著。(2) 括号内代表标准差。
资料来源于作者通过 STATA 软件测算。

从空间计量模型的回归系数来看，产业共聚（MScoagg）在技术效率和规模效率的模型中直接作用系数为负，但不显著；在技术进步效率中，直接作用系数在 1% 水平下显著为正，说明产业共聚对于技术效率和规模效率的改变有抑制作用但不明显，产业共聚能够对技术进步效率产生积极影响。多样化产业共聚促进了 Jacobos 外部性的产生，张可等（2018）认为，多样化产业的共同集聚促进了技术的交流，能够通过知识外溢效应和共享效应提升技术进步的效率。周四清等（2019）认为，当生产性服务业如金融、教育等产业和制造业相互协调发展时，产生的集聚效应能够通过技术的交流和进步促进区域创新能力的提升❶。

制造业集聚度（MLQ）和生产性服务业集聚度（SLQ）在三个模型中的显著性和系数大小各有不同，对于技术效率、技术进步和规模效率的影响也存在一定的差异性，说明珠三角城市群内制造业和生产性服务业的集聚空间布局仍不合理。这一点可以从产业结构（Mindus、Sindus）的直接作用系数，以及制造业集聚度（MLQ^2）、生产性服务业集聚度（SLQ^2）和产业共聚（$MScoagg^2$）的直接作用二次项系数中验证。

在三个模型中，产业共聚（$MScoagg^2$）的直接作用二次项系数均不显著，说明拥挤效应不明显，产业结构对于技术效率的抑制作用不明显，对于技术进步的改善有显著的促进作用，而在规模效率中呈现出抑制作用。制造业集聚度（MLQ^2）和生产性服务业集聚度（SLQ^2）中的直接作用二次项系数中，系数的大小和显著性存在差异性，其中制造业集聚度（MLQ^2）的直接作用二次项系数在技术进步效率中产生了显著的负向影响。结合上文分析，就珠三角城市群“三高一低”的制造业产业特点来讲，低端制造业的过度集聚并不能为技术带来有效的升级和创新。

从技术进步模型的直接作用交叉项系数可以发现，虽然产业共聚对于技术进步效率具有显著的正向推动作用，但其在产业共聚与人均 GDP 的直接作用交叉项系数（MScoagg × pgdp）中显著为负，这意味着随着经济发展水平的提升，产业共聚对于技术进步的促进效应呈现倒“U”形的发展过程。在经济发展的初期，产业共聚能够通过产业间的配合、协调发展、技术交流等，促进技术的进步；当经济发展水平进一步提升时，产业共聚对于技术的进步效率促进作用由正转负。这进一步说明，产业共聚的发展存在最优规模，即产业的集聚对生产率的影响并非单调递增或递减的，产业集聚的不同种类、集聚区的差异性使产业集聚在由弱变强的过程中，对生产率产生先提高后降低的影响（沈能等，2014）❷。

空间滞后项系数中，仅有生产性服务业的集聚对于技术效率具有改善作用，通过了 10% 显著性检验，说明本地生产性服务业的集聚对于相邻地区的技术效率改善呈现积极的影响。

在控制变量的回归结果中，政府规模（gov）对于技术效率的改善产生了积极的影响，通过了 5% 显著性检验。在另外两个模型中均不显著，但在技术进步模型中呈现出不明显的抑制作用，在规模效率模型中有不明显的促进作用。对外开放程度（FDI）能够显著地改善技术效率，但对于技术进步和规模效率无论是

---

❶ 周四清，庞程．产业集聚及协调发展对区域科技创新水平的影响——基于粤港澳大湾区制造业、金融业、教育的实证研究［J］．科技管理研究，2019，39（19）：104-114.

❷ 沈能，赵增耀，周晶晶．生产要素拥挤与最优集聚度识别——行业异质性的视角［J］．中国工业经济，2014（5）：83-95.

抑制作用还是促进作用都不明显。工资水平（wage）对于技术效率的改善产生了显著的抑制作用，能够明显地促进技术进步效率的提升，但对于规模效率有不明显的抑制作用。区域经济的发展水平（Develop）对于技术效率、技术进步和规模效率的改善都有明显的促进作用。

4.4.4　产业共聚对全要素生产率分解要素的空间效应分析

表4-4为产业共聚作用于全要素生产率分解要素中技术效率（Effch）和规模效率（Sech）的空间效应分析结果（仅SDM模型）。

表4-4　产业共聚作用于全要素生产率各分解要素的空间效应

变　量	Effch			Sech		
	直接效应	间接效应	总效应	直接效应	间接效应	总效应
MScoagg	-0.0023 (0.0018)	-0.0418 (0.0486)	-0.0442 (0.0607)	-0.0104 (0.0198)	-0.0199 (0.0384)	-0.0303 (0.0462)
MLQ	-0.0453② (0.0205)	0.0128 (0.0359)	-0.0325 (0.0415)	0.0060 (0.0173)	0.0425 (0.0282)	0.0381 (0.0315)
SLQ	0.0765① (0.0215)	0.0615③ (0.0394)	0.1380③ (0.0485)	0.0493① (0.0174)	-0.0065 (0.0304)	0.0428② (0.0356)
gov	-0.0002③ (0.0006)	0.0052 (0.0011)	-0.0050 (0.0014)	0.0002 (0.0005)	0.0024① (0.0009)	0.0026 (0.0011)
FDI	0.0017② (0.0026)	-0.0001 (0.0052)	0.0016② (0.0059)	0.0010 (0.0021)	-0.0001 (0.0040)	0.0009 (0.0045)
wage	-0.0119② (0.0049)	0.0025 (0.0063)	-0.0094① (0.006)	-0.0083① (0.0040)	0.0023 (0.0052)	-0.0059 (0.0045)
Mindus	-0.0102 (0.0073)	-0.0052 (0.0116)	-0.0154 (0.0157)	-0.0121② (0.0060)	-0.0033 (0.0088)	-0.0155③ (0.0118)
Sindus	-0.0062 (0.0083)	0.002 (0.0159)	-0.0042 (0.0191)	-0.016② (0.0070)	0.0029 (0.0127)	-0.0131② (0.0148)
$MScoagg^2$	-0.009 (0.0067)	-0.0047 (0.0154)	-0.0137 (0.0176)	-0.0101 (0.0056)	-0.0050 (0.0123)	-0.0151 (0.0135)
MLQ^2	0.0019 (0.0037)	-0.0024 (0.0094)	-0.0005 (0.0102)	0.0050 (0.0032)	-0.0036 (0.0075)	0.0015 (0.0078)
SLQ^2	0.0001③ (0.0001)	0.0001 (0.0002)	0.0002③ (0.0002)	0.0001② (0.0001)	0.0001 (0.0002)	0.0002③ (0.0002)
MScoagg × pgdp	0.0006 (0.0049)	0.007 (0.0088)	0.0075 (0.0109)	0.0026 (0.0040)	0.0044 (0.0070)	0.0070 (0.0082)

续表 4-4

变 量	Effch			Sech		
	直接效应	间接效应	总效应	直接效应	间接效应	总效应
MLQ × pgdp	0.0061 (0.0048)	-0.0027 (0.0087)	0.0033 (0.0100)	-0.0023 (0.0041)	-0.0087 (0.0069)	-0.0111 (0.0077)
SLQ × pgdp	-0.015① (0.0049)	-0.0103③ (0.0098)	-0.0253② (0.0121)	-0.0107① (0.0040)	-0.0008 (0.0075)	-0.0115② (0.0089)
MScoagg × FDI	-0.0006 (0.0043)	-0.003 (0.0064)	-0.0036 (0.008)	-0.0020③ (0.0037)	-0.0011 (0.0051)	-0.0031 (0.0060)
MLQ × FDI	-0.0115② (0.0059)	-0.0021 (0.0106)	-0.0136② (0.0125)	-0.0040 (0.0050)	-0.0124 (0.0086)	-0.0163 (0.0100)
SLQ × FDI	-0.0018 (0.0043)	-0.0085 (0.0093)	-0.0103 (0.0111)	-0.0061③ (0.0036)	-0.0033 (0.0072)	-0.0094③ (0.0084)
Develop	0.2197① (0.0018)	0.0067① (0.0023)	0.2263① (0.0022)	0.2173① (0.0019)	0.0071① (0.0022)	0.2244① (0.0017)

注：(1)①、②、③分别代表在1%、5%和10%水平上显著。(2) 括号内代表标准差。
资料来源于作者通过 STATA 软件测算。

从空间效应分析结果中可以看出，产业共聚（MScoagg）对全要素生产率影响的直接作用系数和直接效应系数的大小以及显著性差别不大，但间接效应系数大于空间滞后项系数，说明空间滞后项系数低估了产业共聚对于邻近地区的空间溢出效应。根据地理邻接矩阵的特性，虽然产业共聚的间接效应系数不显著，且直接效应系数和间接效应系数有较大差别，说明产业共聚在作用于技术效率和规模效率中有不稳定的抑制作用。制造业集聚度（MLQ）在产业共聚作用于技术效率时，三种分解效应系数的大小和方向均不同，间接效应的正向影响说明制造业集聚能够改善相邻地区的技术效率，但作用力不显著，主要因为其直接效应在1%水平下显著为负，所以总效应的抑制影响也不显著。另外，在生产性服务业集聚度（SLQ）作用于规模效率时，间接效应系数为负但不显著，说明本地生产性服务业的集聚不利于相邻地区规模效率的改进，但作用力不明显，得益于直接效应的正向显著促进作用，生产性服务业集聚作用于规模效率的总效应显著为正。

在控制变量中，政府规模（gov）对于技术效率和规模效率的总效应改善均不显著，但政府规模对技术效率的改变呈现抑制作用，对于规模效率的变化呈现促进作用。在对外开放程度（FDI）的总效应中，对外开放有利于技术效率的改善，对规模效率有不显著的促进作用，原因可能是，对外投资可以改善企业的生产效率，可以通过引进先进技术并利用投资提高生产率。为了获取更多的效益，利用对外投资提升了规模效率，但对外投资企业过多有可能挤占国内市场，取代相邻地区和本地企业成为上下游产业的中间产品供应商，因此，其间接效应反映出负向的空间溢出效应（刘舜佳等，2012）[1]。工资水平（wage）的总效应中，既不利于推动技术效率的改善也不利于规模效率的改善，其阻碍技术效率的改善作用更加明显。产业结构（Mindus、Sindus）的直接效应、间接效应和总效应系数中，产业结构作用于技术效率的改善不明显，在规模效率中的总效应系数作用力均表现为抑制作用。

[1] 刘舜佳，王耀中．FDI 对中国全要素生产率影响的两面性——来自空间维度的证据［J］．统计与信息论坛，2012，27（7）：58-64.

5 产业共聚对经济增长的影响分析

本章将运用空间计量模型与门槛效应模型方法，以多样化产业共聚指数为核心变量，深入探究产业共聚对经济增长的空间效应与约束机制，这对珠三角城市群选择合理的产业结构和功能定位，推动产业间的有效集聚和城市群经济发展具有重要的理论价值和现实意义。

5.1 产业共聚与区域经济增长的关系分析及研究假设

产业共聚研究的核心问题是产业共聚的空间位置，基于新古典经济学理性选择假设的传统理论，受限于空间不可能定理，并未将空间维度内生性问题纳入一般性分析框架内，空间经济学则能较好地诠释产业集聚活动的空间集聚效应。根据空间经济学理论，产业共聚不仅会影响本地区的经济增长，而且还会通过空间溢出作用于邻近地区。因此，在实证分析时选取空间计量方法分析珠三角城市群产业共聚影响经济增长的空间效应。通过理论分析可知，当产业共聚处于“经济”范围时，在规模效应的作用下能够促进经济增长；当产业共聚处于“非经济”范围时，在拥挤效应的作用下则会抑制经济的增长。每一个城市中制造业与生产性服务业的供求均受到本城市和邻近城市的影响，这两大产业之间又具有较强的内生关联性，因此制造业与生产性服务业共聚会同时影响本地和邻近城市的经济增长。

本节以前述理论分析为基础，探讨产业共聚对本地和邻近地区形成的空间溢出效应，并提出研究假设一（H_1）：

产业共聚不仅对本地经济增长具有显著的正向空间溢出效应，还对相邻地区的经济增长具有显著的促进作用。

根据“中心-外围”理论可知，产业共聚产生的空间效应在不同时段具有不同特点。当核心地区的产业集聚在适度集聚范围时，能够对经济增长产生积极的影响；当核心区出现过度集聚后，拥挤效应占据主导地位，在拥挤效应的影响下，制造业因要素成本价格上涨而逐渐向周边地区扩散，生产性服务业因交易成本的下降而逐渐集中在核心地区发展，最终将形成区域内二者的共聚与定位（江静等，2006）❶。此外，拥挤效应也会导致生产要素向外扩散，最终形成了资本和技术的溢出。

然而，根据区域经济发展的现实情况来看，不存在单一中心的假设，区域空间内通常会出现多个生产性服务业集聚的中心；同时，核心地区依然吸引了制造业的发展并有不断向其集聚的趋势（黎日荣等，2017）❷。此外，周边城市的生产性服务业也会出现集聚的现象。因此，在一个区域中，二者共聚的空间溢出效应实际上是城市间的交互影响造成的。从已有研究文献来看，产业集聚对经济增长的作用确实受到空间效应的影响，柯善咨等（2008）研究发现，在相互邻近的城市中，工业集聚与劳动生产率在空间中有明显的关联性效应。邓若冰等（2016）研究发现，假若只考虑空间经济权重，那么邻近城市工业的集聚对于本地经济的增长产生抑制作用，在加入地理要素后，邻近地区的工业集聚对本地经济增长产生了扩散效应，并在一定程度上抵消了回流效应。韩峰等（2014）认为，经济的增长可通过生产性服务业的技术溢出效应来推动❸。杨孟禹等（2016）认为，服务业部门内的多样化共聚无论是对本地还是对周边地区的经济增长均有正向的空间溢出效应❹。因此，本章将空间因素纳入研究的范畴，运用空间计量模型，研究珠三角城市群制造业与生产性服务业共聚的空间溢出效应。

综合既有文献，发现影响区域经济增长的因素众多，其中产业集聚（专业化集聚度）、产业协同集聚和产业共聚被认为是相对重要的一种因素，还包括人均GDP和对外开放程度等要素，且多呈现出非线性影响机制。在经济增长的门槛效应研究中，对外开放程度也存在门槛值，孙浦阳等（2011）对人口集聚作用于经济增长的门槛效应研究时发现，对外开放度在其中存在抑制作用。基于此，提出研究假设二（H_2）：

产业共聚对外向型经济的作用受开放程度影响，且存在开放性假说。对外开放程度较高时，产业共聚与经济增长成反比；对外开放程度较低时，产业共聚与经济增长成正比。

从已有研究来看，专业化集聚度作为门槛变量进行考量时，纪玉俊等

---

❶ 江静，刘志彪．商务成本：长三角产业分布新格局的决定因素考察［J］．上海经济研究，2006，11：87-96.

❷ 黎日荣，周政．生产性服务业集聚一定会提升制造业的生产效率吗？——来自微观企业的证据［J］．产经评论，2017，6：70-80.

❸ 韩峰，王琢卓，阳立高．生产性服务业集聚、空间技术溢出效应与经济增长［J］．产业经济研究，2014，2：1-10.

❹ 杨孟禹，张可云．服务业集聚、空间溢出与经济增长质量——基于中国省际空间面板杜宾模型的经验研究［J］．财经论丛，2016，3：3-10.

(2015) 认为，根据不同区域经济的发展水平，随着金融产业的集聚水平不断提升，将对区域经济的增长产生先下降后上升再下降的影响❶。伍先福等（2020）认为，当产业共聚作用于经济增长时，存在随生产性服务业集聚度变化而变化的门槛效应，当其跨越门槛值时，产业共聚对经济增长的负向效应将减弱❷。曹永琴等（2020）在研究制造业集聚度对经济增长的影响时发现，制造业集聚度小于门槛值时，其对于经济增长的影响是正向的；当制造业集聚度处于单门槛值与双门槛值之间时，其对于经济的增长产生了抑制作用❸。基于此，提出研究假设三（H_3）：

产业共聚作用的发挥与支柱产业的集聚有关。支柱产业的集聚度较低时，产业共聚对经济增长起抑制作用；支柱产业的集聚度较高时，产业共聚能够推动经济增长。

此外，徐康宁等（2013）在研究中，以人均 GDP 作为衡量一个区域或国家的经济发展水平要素，发现人均 GDP 存在门槛值。当人均 GDP 达到 4000 ~ 6000 美元的门槛时，能否跨过该门槛值成为部分国家经济继续增长的条件❹。因此，提出研究假设四（H_4）：

产业共聚对经济增长的作用受人均 GDP 的影响与限定，且存在威廉姆森的“倒 U 假说”。人均 GDP 较低时，产业共聚与经济增长成反比；人均 GDP 较高时，产业共聚与经济增长成正比。

5.2 空间计量模型设计与实证分析

5.2.1 模型设计与变量选取

5.2.1.1 模型设计、检验与选择

通过产业共聚的空间溢出效应的作用机理可以了解到，产业共聚与经济增长之间的作用关系受空间因素的影响。基于经济学相关理论与研究目的，建立如下

---

❶ 纪玉俊，周素娟．我国金融产业集聚的区域经济增长效应——基于门槛回归模型的实证研究［J］．产业经济评论，2015（2）：43-51.

❷ 伍先福，唐峰陵．产业协同集聚对广西经济增长的影响研究［J］．数学的实践与认识，2020，50（5）：312-322.

❸ 曹永琴，周孝伦．制造业集聚与区域经济增长的异质性特征——基于要素投入视角的门槛效应分析［J］．上海经济，2020（4）：5-20.

❹ 徐康宁，陈丰龙．经济增长的收入“门槛”效应及其阶段特征——兼评“中等收入陷阱”之说［J］．东南大学学报（哲学社会科学版），2013，15（1）：37-42，131-132，2.

基准模型：

$$y_{it}=\alpha+\beta\text{MScoagg}_{it}+\omega x_{it}+\mu_i+\eta_t+\varepsilon_{it} \tag{5-1}$$

式中，y_{it}为被解释变量，表示 i 地区 t 时期的经济增长（GDP）；MScoagg_{it}为核心解释变量，表示 i 地区 t 时期的产业共聚水平，即 MScoagg 指数；x_{it}为影响经济增长的其他控制变量；β、ω 为代估系数，表示产业共聚水平和其他控制变量对于经济增长的影响大小与方向；μ_i 为区域个体效应；η_t 为时间效应；ε_{it}为随机误差项，表示个体与截面所产生影响的误差。

通过 LM、LR 和 Wald 检验结果可以分析出，Moran's I 为 2.097，通过 5% 水平的显著性检验，说明残差序列存在空间自相关性，即对珠三角城市群制造业与生产性服务业共聚的经济增长效应进行分析时应当考虑空间因素。在 LM 检验下，LM error 和 Robust LM error 的统计值均不显著；在 LM lag 和 Robust LM lag 的统计值中，只有 LM lag 至少通过了 10% 显著性检验，说明空间模型存在滞后性，SLM 模型要优于 SEM 模型，但不排除可以选择 SDM 模型的可能。再对模型进行 LR 检验和 Wald 检验，判断 SDM 模型是否可以简化为 SLM 模型与 SEM 模型。从检验结果来看，均通过了 1% 显著性检验，故拒绝可简化为 SEM 模型和 SLM 模型的原假设。Hausman 检验（chi2 = −5.99），检验结果显著为负，应选择随机效应模型，且随机效应模型的自由度更高、效果更好，故选择随机效应下的空间杜宾模型（SDM）进行分析更加合适。构建 SDM 模型如下：

$$\begin{aligned}y_{it} = {} & \alpha+\rho\sum_{j=1}^{n}W_{ij}y_{jt}+\beta_1\text{MScoagg}_{it}+\sum_{j=1}^{n}\theta_1W_{ij}\text{MScoagg}_{ijt}+\beta_2x_{it}+\\ & \sum_{j=1}^{n}\theta_2W_{ij}x_{ijt}+\beta_3\text{MScoagg}_{it}^2+\sum_{j=1}^{n}\theta_3W_{ij}\text{MScoagg}_{it}^2+\beta_4(\text{MScoagg}_{it}\times\\ & \text{TFP}_{it})+\sum_{j=1}^{n}\theta_4W_{ij}(\text{MScoagg}_{it}\times\text{TFP}_{it})+\beta_5(\text{FDI}_{it}\times\text{gr}_{it})+\\ & \sum_{j=1}^{n}\theta_5W_{ij}(\text{FDI}_{it}\times\text{gr}_{it})+\beta_6(\text{Mindus}_{it}\times\text{Sindus}_{it})+\\ & \sum_{j=1}^{n}\theta_6W_{ij}(\text{Mindus}_{it}\times\text{Sindus}_{it})+\beta_7(\text{wage}_{it}\times\text{inf}_{it})+\\ & \sum_{j=1}^{n}\theta_7W_{ij}(\text{wage}_{it}\times\text{inf}_{it})+\mu_i+\eta_t+\varepsilon_{it}\end{aligned} \tag{5-2}$$

式（5-2）中，为了体现各变量间的交互影响，加入多个交叉项，主要包括：（1）产业共聚指数与全要素生产率的交叉项（MScoagg×TFP），表示产业共聚与全要素生产率的交互影响对于区域经济增长的作用力（于斌斌，2015）；（2）工资水平与基础设施的交叉项（wage×inf），代表工资与基础设施在微观机制的交互影响下对经济增长的影响。郑丹等（2017）在研究城市基础设施水平如何影响居民工资收入中，发现基础设施水平对于工资收入有正向的溢价作用，即大城市通过完善的基础设施吸引劳动力的集聚，且劳动力还可从大城市的企业中获得较高的劳动收入，二者的交互影响将作用于区域经济的增长❶。(3) 对外开放程度与财政收入的交叉项（FDI × gr），研究表明外商直接投资能够促进财政收入的增加和区域经济的增长，并提升创新与技术水平；同时，在一定程度上削弱了自主创新能力、过度依赖外商投资引进的技术和资源等（郭飞，2006)❷。通过加入该交叉项，进一步考量外商直接投资与财政收入共同作用下，对区域经济增长的综合影响。(4) 产业结构合理化交叉项（Mindus × Sindus)，表示产业多样化共聚的规模效应。第二、三产业具有相互影响的作用机制，第三产业的扩张能够有效地拉动经济的增长；然而，第三产业过度发展也会抑制第二产业的规模效应（刘伟等，2002)❸。在区域集聚经济下，第二产业结构的升级可通过生产性服务业的集聚来促进，特别是当其集聚产生知识与技术溢出效应、竞争效应以及规模效应时，不仅能够调整制造业的产业结构，还能够推进产业的深度融合，在二者共同作用下产生的规模效应将影响整个区域的经济发展综合水平（韩峰等，2020；陈龙等，2020)❹❺。

5.2.1.2 变量选取与数据来源

A 被解释变量

经济增长（gdp），选择实际 GDP 表示珠三角城市群各城市的经济增长水平，根据各个城市的 GDP 平减指数调整为 2000 年的不变价格。

B 核心解释变量

多样化产业共聚指数（MScoagg），依然沿用多样化产业共聚指数衡量产业共聚水平。

C 控制变量

考虑到影响地区经济发展的其他因素，并且参考已有文献，增加了多个影响经济增长的控制变量：

(1) 全要素生产率（TFP）。全要素不仅可以使物质资本变得更有价值，还能够直接推动经济的增长，因此选择全要素生产率衡量其推动经济增长的作用。

---

❶ 郑丹，TATSUAKI KURODA. 城市基础设施水平如何影响居民工资收入：溢价还是折价［J］. 南方经济，2017（1）：66-85.

❷ 郭飞. 外商直接投资对中国经济的双重影响与对策［J］. 马克思主义研究，2006（5）：42-48.

❸ 刘伟，李绍荣. 产业结构与经济增长［J］. 中国工业经济，2002（5）：14-21.

❹ 韩峰，阳立高. 生产性服务业集聚如何影响制造业结构升级？——一个集聚经济与熊彼特内生增长理论的综合框架［J］. 管理世界，2020，36（2）：72-94，219.

❺ 陈龙，张力. 单向促进还是双向加成——中国制造业与服务业就业互动关系研究［J］. 北京师范大学学报（社会科学版），2020（6）：128-142.

（2）资本存量（k）。依然采用本书第4章的固定资产投资数据，并通过永续盘存法进行资本存量的计算，参考单豪杰（2008）的处理方法。

（3）人力资本（khum）。Lucas（1988）提出了内生经济增长模型，考虑到实物资本与人力资本是推动经济增长的内生动力❶。此后，更多学者以内生经济增长模型为研究，发现人力资本能够对区域经济增长产生积极影响（蔡昉等，2000；沈坤荣等，2007；杜伟等，2014）❷~❹，人力资本产生的外部效应是造成区域经济发展差异的主要原因之一。根据数据的可得性，选择高等学校在校生人数来表示人力资本的变量。

（4）外商直接投资（FDI）。外商直接投资带来的技术外溢效应是影响区域经济增长的重要原因之一，外商直接投资既可以增加区域资本存量，还影响着区域的创新能力。选择各城市外商投资作为变量，并按照当年人民币汇率的平均价格进行折算。

（5）财政收入（gr）。财政收入能够衡量一个政府的财力，是一个政府提供公共物品和活动的范围与数量的直接象征，财政收入越高，代表地区经济实力以及服务力度越强，越有利于经济的发展。因此，选择各城市财政收入作为变量。

（6）产业结构对于经济增长的作用力（Mindus、Sindus）。第二产业和第三产业的发展程度决定着一个区域的经济发展和水平，沿用本书第4章的变量处理方法，采用第二产业与第三产业增加值占GDP比重衡量其对于经济的作用力。其中，Mindus为第二产业增加值占GDP比重，Sindus为第三产业增加值占GDP比重。

（7）基础设施（inf）。基础设施的滞后会影响区域经济的发展水平，基础设施的建设能够为区域的各方面发展提供动力（赵坚，1995）❺，基础设施的改善能够促进产业的发展，带来产业的协同效应（李红等，2018）❻。在现代社会的发展下，基础设施的增长是我国经济增长的动力源泉，基础设施的完善能够为区域经济增长提效。因此，选择人均邮电业务总量表示基础设施水平。

（8）工资水平（wage）。区域工资水平不仅影响着产业结构的优化升级，同

---

❶ LUCAS J R E. On the mechanics of Economic Development［J］. Journal of Monetary Economics，1988，22（1）：3-42.

❷ 蔡昉，都阳．中国地区经济增长的趋同与差异——对西部开发战略的启示［J］．经济研究，2000（10）：30-37，80.

❸ 沈坤荣，蒋锐．中国城市化对经济增长影响机制的实证研究［J］．统计研究，2007（6）：9-15.

❹ 杜伟，杨志江，夏国平．人力资本推动经济增长的作用机制研究［J］．中国软科学，2014（8）：173-183.

❺ 赵坚．试论我国经济快速增长与基础设施的关系［J］．数量经济技术经济研究，1995（2）：6-12.

❻ 李红，卢万国，韦永贵．城市效率对制造业和生产性服务业协同发展的作用机制——以广东广西为例［J］．城市问题，2018（3）：66-75.

时也是缩小城乡差距的重要手段，提升区域工资水平有利于提升技术创新水平，并作用于区域的经济增长（屈曙光等，2010；刘丽等，2012；钞小静等，2014）❶~❸。因此，选择各城市职工平均工资表示工资水平。

（9）消费能力（rscg）。消费是拉动我国经济增长的“三驾马车”之一，大量学者对消费与经济增长进行实证研究，发现消费水平对我国经济增长产生积极的影响，消费能力的提升以及消费需求的扩张对于社会生活水平、区域经济增长有显著的正向作用（王亮等，2010；洪银兴，2013；赵爽，2020）❹~❻。采用张颖等（2011）的研究，选用社会消费品零售总额作为衡量消费能力的变量，进一步衡量消费能力与区域经济增长的关系。

本章的所有变量指标均来自 2001—2019 年珠三角城市群内 9 个核心城市的统计年鉴及统计公报，还包括《广东统计年鉴》《中国城市统计年鉴》和中经网统计数据库，缺失数据以插值法补全，所有变量均以标准化方法处理。参考上文，依然沿用“车相邻”的空间权重矩阵。

5.2.2 空间相关性检验

5.2.2.1 全局空间自相关检验

通过空间邻接矩阵形成的全局莫兰指数对珠三角城市群经济增长（GDP）的空间相关性进行检验。当莫兰指数大于 0 时，即 Moran's I > 0，反映了空间存在正相关效应；当 Moran's I < 0 时呈现空间负相关关系，其值越大或越小表示空间相关性越强。数据结果显示，2001—2018 年，珠三角城市群莫兰指数最高为 0.458、最低为 0.043。其中，2002 年和 2018 年通过了 10% 的显著性检验，2003 年、2004 年和 2010 年通过了 5% 的显著性检验，2005—2009 年通过了 1% 的显著性检验。在 5% 显著性水平下，2004 年的正态统计量 $Z > 1.96$，表明该年的经济增长在 95% 水平下呈现出集聚分布趋势；在 1% 显著性水平下，2005 年和 2008 年的 Z 值分别为 2.684 和 2.667，$Z > 2.58$，表明这两年经济增长在 90% 水平下呈现出高度集聚趋势。总体来看，珠三角城市群的经济增长呈现出正的空间

---

❶ 屈曙光，彭璧玉．工资对经济增长的影响：文献综述［J］．经济评论，2010（4）：138-145.

❷ 刘丽，任保平．经济增长过程中我国工资水平对产业结构升级的效应分析［J］．经济经纬，2012（2）：56-60.

❸ 钞小静，沈坤荣．城乡收入差距、劳动力质量与中国经济增长［J］．经济研究，2014，49（6）：30-43.

❹ 王亮，刘金全．中国经济增长的决定因素分析——基于贝叶斯模型平均（BMA）方法的实证研究［J］．统计与信息论坛，2010，25（9）：3-7.

❺ 洪银兴．消费需求、消费力、消费经济和经济增长［J］．中国经济问题，2013（1）：3-8.

❻ 赵爽．基于供给侧结构性改革的消费对经济增长拉动作用实证分析［J］．商业经济研究，2020（3）：42-44.

效应，空间集聚趋势显著，依赖性较高。以时间变化趋势来看，Moran's I 指数整体呈现出先上升后下降的趋势，特别是到 2008 年后，Moran's I 指数下降趋势明显，说明珠三角城市群空间相关性减弱，2013 年以后，经济增长水平呈小幅度波动趋势上涨，说明空间相关性正逐渐加强。

5.2.2.2 局部空间自相关检验

通过 2002 年、2005 年、2009 年和 2014 年珠三角城市群局部 Moran's I 指数散点图可以看出，较多城市位于第Ⅰ象限"高-高"集聚类型（H-H）和第Ⅲ象限"低-低"集聚类型（L-L），H-H 与 L-L 集聚类型在空间上都体现出正的空间相关效应，代表了产业共聚的高值区和低值区。四个年份中广州一直处于 H-H 集聚类型，其余城市稍有变动，广州作为广东省的省会城市，拥有大量的资源，人才、技术与信息等要素不断流动，能够对其邻近地区的经济发展产生扩散效应；L-L 集聚类型则代表了本身的集聚类型与其邻近地区的集聚类型经济发展处于较低水平，珠海在四个年份中均为 L-L 类型。四年中仅有深圳于 2014 年处于第Ⅱ象限"高-低"集聚类型（H-L），除 2009 年以外，惠州稳定位于第Ⅳ象限"低-高"集聚类型（L-H），位于第Ⅱ象限与第Ⅳ象限的城市表现出显著的空间负相关效应。从时间演变角度分析，Moran's I 散点图呈现出从集聚到扩散的趋势，到 2014 年，珠三角城市群各城市的扩散趋势明显，已有三个城市处于第Ⅳ象限（L-H），说明随着时间的推移，珠三角各地区的空间差异越发明显，城市群产业内部结构也进行了升级与调整，进一步扩大了其空间差异性，两极分化程度较强。综合以上分析，珠三角城市群的经济增长呈现出显著的正向空间相关性。

从整体上观测，四个年份中 Moran's I 指数显著的城市，属于 H-H 集聚类型的城市集中在珠三角的中心地区，其中以广州和佛山等地为主，产生了扩散效应，带动周围地区经济的发展；L-L 集聚类型主要集中在珠三角城市群的西部地区，这类城市具有极强的空间依赖性和独立性，具有明显的空间差异性特征。

5.2.3 实证结果分析

5.2.3.1 空间计量模型分析

根据前述空间自相关性分析可知，珠三角城市群经济增长存在空间相关性，因此对珠三角城市群的产业共聚与空间经济增长 SDM 随机效应模型进行分析，探讨二者之间的作用关系。为了比较一般回归模型和空间计量模型对珠三角 9 个地级市产业共聚对经济增长效应估计的差异性，将混合 OLS 模型、SLM、SEM 以及 SDM 模型进行了对比分析。空间杜宾模型（SDM）的 Log-likelihood 为 30.6478、拟合值为 0.9592，高于其他模型估计的结果，说明拟合效果较为理想，如果不考虑城市之间的空间因素则会降低估计结果的有效性。

表5-1为空间计量回归结果。

表5-1　产业共聚对经济增长影响的空间计量回归结果

变量	OLS	T值	SLM	Z值	SEM	Z值	SDM	Z值
MScoagg	−0.0833② (0.0420)	−1.98	−0.0843③ (0.0437)	−1.94	−0.0960② (0.0487)	−3.71	−0.0314 (0.0411)	−0.76
TFP	0.0891179① 0.0271156	3.29	0.0690② (0.0244)	2.82	0.0755① (0.0247)	8.94	0.0452② (0.0228)	1.98
k	−0.0869① (0.0267)	−3.25	−0.0802① (0.0224)	−3.58	−0.0810① (0.0218)	−0.17	−0.04488③ (0.0240)	−1.87
khum	0.4039① (0.0419)	9.63	0.4866① (0.0477)	10.21	0.4972① (0.0556)	4.00	0.4482① (0.0412)	10.89
FDI	0.0031 (0.0278)	0.11	−0.0026 (0.0236)	−0.11	−0.0040 (0.0231)	16.19	−0.0031 (0.0237)	−0.13
gr	0.1340① (0.0342)	3.92	0.1073① (0.0291)	3.69	0.1122① (0.0280)	12.45	0.1184① (0.0273)	4.33
Mindus	0.8303① (0.0482)	17.22	0.7973① (0.0470)	16.95	0.8211① (0.0507)	0.37	0.7681① (0.0420)	18.28
Sindus	0.6493① (0.0478)	13.57	0.6532① (0.0493)	13.26	0.6757① (0.0543)	−0.12	0.6403① (0.04000	16.01
inf	0.0061 (0.0229)	0.27	−0.0031 (0.0196)	−0.16	0.0081 (0.0218)	2.52	0.0449③ (0.0232)	1.94
wage	−0.0004 (0.0232)	−0.02	−0.0095 (0.0197)	−0.48	−0.0024 (0.0196)	−1.97	−0.0156 (0.0187)	−0.83
rscg	0.1529① (0.0342)	4.46	0.0670② (0.0334)	2.00	0.0824② (0.0327)	3.06	0.1062① (0.0315)	3.37
$MScoagg^2$	−0.0155 (0.0219)	−0.71	−0.0120 (0.0194)	−0.62	−0.0099 (0.0206)	−1.00	−0.0129 (0.0190)	−0.68
MScoagg×TFP	0.0513 (0.0315)	1.63	0.0452③ (0.0270)	1.68	0.0454③ (0.0263)	−1.35	0.0402③ (0.0244)	1.65
FDI×gr	−0.0521 (0.0568)	−0.92	−0.0518 (0.0483)	−1.07	−0.0640 (0.0473)	−9.88	−0.0787③ (0.0442)	−1.78
Mindus×Sindus	−0.1824① (0.0174)	−10.48	−0.1780① (0.0170)	−10.48	−0.1830① (0.0185)	−0.48	−0.1717① (0.0142)	−12.70

续表 5-1

变量	OLS	T 值	SLM	Z 值	SEM	Z 值	SDM	Z 值
wage × inf	0. 0126 (0. 0304)	0. 42	-0. 0249 (0. 0268)	-0. 93	-0. 0265 (0. 0265)	1. 73	-0. 0206 (0. 0262)	-0. 79
W * MScoagg							0. 0407 (0. 0823)	0. 49
W * TFP							0. 0551 (0. 0334)	1. 65
W * k							0. 0458 (0. 0466)	0. 98
W * khum							0. 3256① (0. 1038)	3. 14
W * FDI							-0. 0686 (0. 0548)	-1. 25
W * gr							-0. 0115 (0. 0873)	-0. 13
W * Mindus							-0. 0538 (0. 1058)	-0. 51
W * Sindus							0. 0658 (0. 0925)	0. 71
W * inf							-0. 1221① (0. 0339)	-3. 60
W * wage							-0. 0455 (0. 0306)	-1. 49
W * rscg							0. 0061③ (0. 0699)	0. 09
W * $MScoagg^2$							-0. 0165 (0. 0293)	-0. 56
W * MScoagg × TFP							0. 0589③ (0. 0415)	1. 42
W * FDI × gr							-0. 0065 (0. 1213)	-0. 05
W * Mindus × Sindus							-0. 0341 (0. 0306)	-1. 12

续表 5-1

变量	OLS	T 值	SLM	Z 值	SEM	Z 值	SDM	Z 值
W * wage × inf							0.1347③ (0.0697)	1.93
spacial rho (ρ)			0.1438③ (0.0788)	1.80			0.1819② (0.0876)	2.08
spacial lambda (λ)					0.2358① (0.0735)	3.21		
Log-likelihood			9.1929		8.5007		30.6478	
R^2	0.9381		0.9447		0.9345		0.9592	
观测值	153		153		153		153	

注：(1)①、②、③分别代表在 1%、5% 和 10% 水平上显著。(2) 括号内代表标准差。
资料来源于作者通过 STATA 软件测算。

从计量结果看，SDM 模型的空间相关系数（ρ）为 0.1819，在 5% 水平下显著为正，说明珠三角城市群空间内经济增长存在显著的正向空间效应，城市群内某一城市的经济增长对于其他具有相似空间特征的城市有空间依赖性。从 SLM、SEM 和 SDM 回归结果中可以看出，SLM 与 SDM 模型 R^2 拟合优度均优于混合 OLS，其中 SDM 拟合效果要优于 SLM，SEM 拟合效果低于混合 OLS，这与检验结果相符。三个空间计量模型中，产业共聚（MScoagg）的影响系数均为负，其中，SLM 模型与 SEM 模型的产业共聚直接作用系数分别为 -0.0843 和 -0.0960，分别在 10% 和 5% 水平下显著。在 SDM 模型中，产业共聚对于经济增长影响的直接作用系数与空间滞后项系数分别为 -0.0314 和 0.0487，均不显著，说明产业共聚对本地以及相邻地区的经济增长并无明显促进作用，产业共聚未能抑制经济增长偏离均衡状态，假设 H_1 不成立；产业共聚（$MScoagg^2$）的直接作用与空间滞后的二次项系数均不显著，说明珠三角城市群内产业共聚对经济增长产生了一定负向影响，但并没有产生拥挤效应。

已有研究认为，区域空间制造业与生产性服务业的共聚能够为区域经济带来规模效益，以此产生知识溢出与技术溢出效应，从而推动经济的发展（胡艳等，2015；彭亮等，2017）[1][2]。但是，在产业共聚拥挤效应不显著的情况下，产业共聚对于区域经济增长呈现负向影响与珠三角城市群经济发展的实际情况相符，可能的原因如下：

❶ 胡艳，朱文霞．基于生产性服务业的产业协同集聚效应研究［J］．产经评论，2015，6（2）：5-14.

❷ 彭亮，肖明辉．生产性服务业与制造业协同集聚的多点多极支撑效应分析——基于四川省 21 个市州的面板数据模型［J］．企业经济，2017，36（9）：140-146.

（1）受产业同构化趋势的影响，珠三角城市群内制造业在各区域内可能出现重复建设的现象。在本书第 4 章专业化产业共聚的分析中，劳动密集型与资本密集型产业共聚频次较多，大量的劳动和资本密集型产业的出现可能产生产业同构现象，相较于技术密集型产业，这两类产业在总量上的增多，并不能带来更大的知识与技术溢出效应，而生产性服务业是直接服务于制造业的配套经济活动，二者紧密相关、相互作用，产生了产业结构的趋同效应，很大一部分会阻碍区域一体化的发展，分散有效投资，产生资源错配现象，并产生不断重复建设和严重产能过剩等问题。这种产业同构下的共聚将给经济发展造成负担，促使政府对市场进行大量的保护性政策干预，阻碍要素的合理配置与自由流通，对于经济增长是极为不利的（陈真等，2009；冯邦彦等，2010）[1][2]。

（2）珠三角城市群处于外向型经济模式，外向型经济的集聚发展会随着时间的推移受到一定的冲击，例如金融危机、国际环境制约投入要素价格上涨等，都不断打击着出口贸易的发展。对于经济的发展来讲，过度依赖外商投资和引进技术，则会使其自主创新能力低下，无法在国际竞争中掌握主导权，且珠三角城市群在全球化的分工中往往以劳动密集型产业为主导，产品生产与加工还处于低端水平，进一步阻碍了区域经济的长远发展（鹿坪，2017）[3]。

综上所述，结合珠三角城市群的实际情况，产业共聚对于推动经济增长的力度有限，产业共聚并未发挥出最大效益，即知识与技术溢出效益，因而对于经济的发展推动力微弱。

在推动珠三角城市群经济增长的其他控制变量中，全要素生产率（TFP）在三个模型中的直接作用系数显著为正，说明全要素生产率能够积极地推动经济的增长；空间滞后项系数也为正但不显著，说明全要素生产率的增长对于相邻地区的经济增长有着不明显的积极作用；产业结构合理化（Mindus × Sindus）和消费能力（rscg）等变量对于经济的增长呈现出显著的正向影响；产业共聚与全要素生产率的交叉项（MScoagg × TFP）对于区域经济增长的作用力有着积极的影响，至少通过了 10% 显著性检验；基础设施建设（inf）对于本地经济增长的影响没有对相邻地区经济增长的影响显著；人力资本（khum）无论是对本地还是对相邻地区经济增长的影响都是显著且积极的。

5.2.3.2　空间效应分析

表 5-2 为产业共聚作用于经济增长的空间效应分析结果。

---

❶ 陈真，宋新兴．产业同构：成因、影响与破解［J］．经济研究导刊，2009（36）：172-173.

❷ 冯邦彦，邵帅．珠江三角洲产业结构趋同问题研究［J］．工业技术经济，2010，29（6）：61-65.

❸ 鹿坪．产业集聚能提高地区全要素生产率吗？——基于空间计量的实证分析［J］．上海经济研究，2017（7）：60-68.

表 5-2 产业共聚作用于经济增长的空间效应

变量	直接效应	间接效应	总效应
MScoagg	-0.0301 (0.0464)	-0.0066 (0.0087)	-0.0367 (0.0436)
TFP	0.0464② (0.0231)	0.0099③ (0.0060)	0.0563② (0.0281)
k	-0.0604② (0.0240)	-0.0131② (0.0068)	-0.0736② (0.0294)
khum	0.4860① (0.0374)	0.4899① (0.1118)	0.9759① (0.1292)
FDI	0.0074 (0.0220)	0.0015 (0.0049)	0.0090 (0.0268)
gr	0.1031① (0.0268)	0.0224② (0.0094)	0.1255① (0.0333)
Mindus	0.7676① (0.0388)	0.1673① (0.0541)	0.9349① (0.0717)
Sindus	0.6271① (0.0281)	0.1366① (0.0440)	0.7637① (0.0638)
inf	0.0281 (0.0230)	-0.1123① (0.0380)	-0.0842② (0.0362)
wage	-0.0228 (0.0191)	-0.0049 (0.0046)	-0.0277 (0.0233)
rscg	0.0746② (0.0310)	0.0154② (0.0068)	0.0899② (0.0359)
$MScoagg^2$	-0.0229 (0.0176)	-0.0049 (0.0042)	-0.0277 (0.0214)
MScoagg × TFP	0.0454② (0.0251)	0.0096 (0.0061)	0.0550③ (0.0302)
FDI × gr	-0.0587 (0.0419)	-0.0129 (0.0107)	-0.0717 (0.0527)
Mindus × Sindus	-0.1670① (0.0144)	-0.0364① (0.0120)	-0.2033① (0.0210)
wage × inf	-0.0075 (0.0278)	-0.0019 (0.0063)	-0.0094 (0.0338)

注：(1)①、②、③分别代表在1%、5%和10%水平上显著。(2) 括号内代表标准差。

资料来源于作者通过STATA软件测算。

从核心变量产业共聚指数（MScoagg）的直接效应、间接效应和总效应来看，产业共聚的估计系数分别为 -0.0301、-0.0066 和 -0.0367，在统计意义上不显著，表示各空间内经济增长受产业共聚的影响不显著。可能的原因是，随着经济活动在地理上越发集聚越可能对区域空间的经济增长产生抑制作用，即过度集聚效应，但该抑制作用较小，存在差异性。结合上文所述，珠三角城市群产业的空间布局可能存在同构现象，加之外放型经济带来的弊端，使产业共聚的增长效应被抵消，但其系数较小，抑制作用并不显著。

从其他控制变量中可以看出，全要素生产率（TFP）的直接、间接和总效应估计系数均为正，分别为 0.0464、0.0099 和 0.0563，在 5% 和 10% 的水平显著，说明全要素生产率能够显著提升本地与相邻地区间经济的增长；产业共聚与全要素生产率交叉项（MScoagg × TFP）的直接效应估计系数为 0.0454，在 5% 水平下显著，说明二者的作用力明显提高了经济的增长，但在间接效应中的估计系数不显著，说明其对相邻地区的经济增长无明显作用，在总效应中的估计系数依然为正，通过了 10% 显著水平。

资本存量（k）与人力资本（khum）的三种分解效应系数均显著，资本存量三个分解效应的估计系数为负，在 5% 水平下显著，而人力资本三个分解效应的估计系数为正，在 1% 水平下显著。资本存量对经济增长的作用显著为负，这可能与珠三角城市群经济发展的特殊情况有关。20 世纪 90 年代初期，我国出现了大面积的“经济过热现象”，其根本原因是资本因虚假需求使供给不断增加，当资本投入速率超过市场的实际需求时，导致在一定时期内资源短缺与过剩现象同时出现，且投资低下，形成了粗放式的经济增长方式，也就是说过度投资抑制了经济增长。持续到 2008 年，金融危机爆发，严重影响了以外放型经济模式为主的珠三角城市群的整体发展，政府纷纷出台相关政策提升珠三角经济的增长能力，通过产业转移的方法改变珠三角城市群的产业结构，调整经济发展的方式，但仍要面对产业发展滞后、配套服务差、产业布局不合理等问题（赵玲玲，2011）[1]。多数企业的外迁只不过是“恶性循环”而已，企业的自身竞争力弱，且高端制造业渴望更多地投资以提高生产，而低端制造业避免成本上升而选择迁出，然而如何增加投资又避免投资浪费成为一大难题。厉以宁（2010）认为，我国的固定资产投资存在“投资冲动怪圈”现象[2]，地方政府增加资本投入追求 GDP 的增长，对于产业结构的调整却缺乏兴趣，扩大投资最终导致信贷增加，往往造成了产能过剩和物价上涨共存的结果，即大规模增加固定资产投入对经济的刺激作用甚微（胡坚等，2013）[3]。

---

[1] 赵玲玲．珠三角产业转型升级问题研究［J］．学术研究，2011（8）：71-75.

[2] 厉以宁．破解投资冲动怪圈的路径［J］．今日财富（金融版），2010（1）：59.

[3] 胡坚，杨光，王智强．我国政府财政支出挤出效应研究［J］．商业研究，2013（6）：1-8.

人力资本（khum）的直接效应与间接效应都显著为正，表明人力资本对珠三角城市群经济增长起着拉动的作用，地方人力资本的积累产生的溢出效应，为相邻地区的经济增长带来正的溢出效益。外商直接投资（FDI）的三种分解效应均为正，但不显著，且影响系数较小，说明外商投资的增加对于经济增长的作用力减小，且可能存在外商投资的进入对于国内的投资产生挤出效果，或外资投入的利用率较低（朱劲松，2001；杨柳勇等，2002）[1][2]。财政收入（gr）的三种效应分解的估计系数显著为正，说明政府规模对于推动珠三角经济增长起着积极的作用。财政收入的合理分配对于产业结构优化升级和经济增长有着促进作用（郭杰，2004；沈坤荣等，2006）[3][4]，同时也有利于社会公共服务水平的提升，对经济增长具有显著的促进作用。二者的交叉项（FDI × gr）估计系数为负但不显著，表明其对于经济的增长有抑制作用但不明显。

第二产业与第三产业结构（Sindus、Mindus）对于经济的作用力的三种分解效应估计系数显著为正，说明第二、三产业的发展不仅促进了本地的经济增长，对邻近区域的经济增长也有积极的影响。但是，在其产业结构合理化的估计系数中显著为负，表明其产业结构可能存在不合理的现象，尽管珠三角政府不断出台相关产业政策以调整和优化产业结构，但低端劳动力企业仍偏多，产品附加价值低，配套服务差，产业并未得到充分的发展，严重抑制了经济的增长，只有通过积极的产业转移措施和产业间协调发展手段才能提升经济效应（翁计传，2006；徐向龙，2009）[5][6]。

基础设施（inf）对于珠三角城市群的经济增长直接效应估计系数为正，但不显著。有学者研究发现，基础设施的建设在空间中表现为竞争效应，原因可能是基础设施是辅助经济变量，其本身不产生经济效益，该指标是沟通本地各个生产部门的“桥梁”，也是经济生产生活中不可缺少的经济要素，能够促进空间各生产要素的配置，并推动产业的升级（徐智鹏，2013）[7]。其间接效应和总效应显著为负，表示本地基础设施的投入增加，会抑制周边地区的经济增长，其原因可能是基础设施的完善更倾向于在大城市中实现，因其带来的“虹吸效应”会促使周边地区资源不断涌入本地，从而对周边地区的经济发展产生一定的抑制作

[1] 朱劲松．外商直接投资在中国资本形成的效应［J］．亚太经济，2001（3）：45-48.

[2] 杨柳勇，沈国良．外商直接投资对国内投资的挤入挤出效应分析［J］．统计研究，2002（3）：6-8.

[3] 郭杰．我国政府支出对产业结构影响的实证分析［J］．经济社会体制比较，2004（3）：121-126.

[4] 沈坤荣，付文林．税收竞争、地区博弈及其增长绩效［J］．经济研究，2006（6）：16-26.

[5] 翁计传．珠江三角洲工业结构趋同性研究［J］．世界地理研究，2006（1）：21-26.

[6] 徐向龙．广东省产业结构与就业结构演进特征与互动效率研究［J］．学术研究，2009（5）：90-96.

[7] 徐智鹏．中国基础设施投资的经济增长效应研究［J］．统计与决策，2013（21）：123-126.

用（丁黄艳，2016）❶。工资水平（wage）的三种分解效应估计系数均为负，但不显著，工资的增长是呈现倒“U”形趋势的，当经济发展到一定水平时，工资的增长效益并不会赶超经济的发展水平，但抑制经济的作用并不明显。对于消费能力（rscg）的直接、间接和总效应均显著为正，说明地区消费能力的提升，无论是对于本地还是相邻地区的经济增长都具有明显的促进作用。

5.3 门槛模型设计与效应分析

根据空间计量模型的分析可以看出，珠三角城市群产业共聚对于经济增长的影响存在显著的空间溢出效应。然而，产业共聚对经济增长也存在非线性关系，下面将进一步从非线性影响机制探究产业共聚对经济增长的影响。研究基础为：

第一，产业共聚受到城市经济发展的多样化因素影响和约束。产业共聚在空间的形成与发展本身就是一个动态演化的复杂过程，在城市群经济发展的同时必然受到多方因素的制约，因此，单调的线性关系无法满足其对经济增长影响关系的研究。第二，基于以上分析基础，需要进一步探究产业共聚对于经济增长的影响是否存在非线性关系。

自从威廉姆森假说被提出来之后，Brulhart 和 Bergamo（2008）基于国家层面的数据研究得出，只有当经济发展达到一定水平时集聚才能推动经济增长。洪娟等（2012）在长三角城市群内制造业集聚对经济增长的影响关系方面展开探讨，发现二者具有极强的非线性影响，当产业集聚程度进一步提高并超出经济范围时，产业集聚负外部效应的产生将不利于经济的增长❷。李子叶等（2015）以2003—2012 年我国 29 省的面板数据考察生产性服务业集聚对经济增长的影响研究时发现，二者存在明显的正“U”形非线性影响❸。黄宝凤等（2019）以集聚经济外部性模型为基础，采用我国 31 个省份的面板数据，研究了高技术产业集聚规模对经济增长的影响存在门槛效应，且证明其符合威廉姆森假说条件下的经济发展模式❹。马昱等（2020）基于面板平滑转换回归模型，在高技术产业集聚对经济高质量发展效应研究中发现，高新技术产业集聚对经济增长存在门槛值，

❶ 丁黄艳．长江经济带基础设施发展与经济增长的空间特征——基于空间计量与面板门槛模型的实证研究［J］．统计与信息论坛，2016，31（1）：24-32.

❷ 洪娟，廖信林．长三角城市群内制造业集聚与经济增长的实证研究——基于动态面板数据一阶差分广义矩方法的分析［J］．中央财经大学学报，2012（4）：85-90.

❸ 李子叶，韩先锋，冯根福．我国生产性服务业集聚对经济增长方式转变的影响——异质门槛效应视角［J］．经济管理，2015，37（12）：21-30.

❹ 黄宝凤，武翰涛，曹增栋，等．高技术产业集聚对经济增长的非线性效应——基于门槛回归的经验研究［J］．管理现代化，2019，39（3）：30-34.

且在门槛值前后，由抑制作用转为对经济发展起到积极的推动作用[1]。以上文献有助于我们揭示产业共聚对经济增长的非线性影响效应的研究。

5.3.1 模型设计与变量选择

5.3.1.1 模型设定及检验方法

在研究产业共聚对经济增长影响的约束条件时，借鉴 Hansen（1999）的门槛回归模型方法，此方法是基于分组检验方法的拓展，避免了传统分组方法中的主观性问题，还能够避免交互检验中出现的共线性问题。

根据面板门槛模型的研究方法，以对外开放度（FDI）、产业专业化集聚度（MLQ、SLQ）、人均 GDP（pgdp）作为门槛变量，通过门槛变量检验珠三角城市群产业共聚影响经济增长的非线性门槛效应。设定门槛模型如下：

$$\text{gdp}_{it} = \mu_i + \beta_1 \text{MScoagg}_{it} \cdot I(q_{it} \leqslant \gamma) + \beta_2 \text{MScoagg}_{it} \cdot (q_{it} > \gamma) + \theta D_{it} + \varepsilon_{it} \tag{5-3}$$

式中，gdp_{it}为被解释变量经济增长；MScoagg_{it}为核心解释变量产业共聚；μ_i 为个体效应；q_{it}为门槛变量；γ 为代估门槛值；$I(\cdot)$为示性函数；D_{it}为多个控制变量；ε_{it}为独立同分布的随机干扰项。

式（5-3）也可以用分段函数表示：

$$\text{gdp}_{it} = \begin{cases} \mu_i + \beta_1 \text{MScoagg}_{it} + \theta D_{it} + \varepsilon_{it} (q_{it} \leqslant \gamma) \\ \mu_i + \beta_2 \text{MScoagg}_{it} + \theta D_{it} + \varepsilon_{it} (q_{it} > \gamma) \end{cases} \tag{5-4}$$

面板门槛回归模型在估计时，一般情况下通过去除组内平均值来消除个体效应 μ_i 的影响，形成离差模型如下：

$$\text{gdp}_{it} - \overline{\text{gdp}_i} = \beta' [\text{MScoagg}_{it}(\gamma) - \overline{\text{MScoagg}_i}(\gamma)] + (\varepsilon_{it} - \bar{\varepsilon}_i) \tag{5-5}$$

令$\dot{\text{gdp}}_{it} = \text{gdp}_{it} - \overline{\text{gdp}_i}$，$\dot{\text{MScoagg}}_{it}(\gamma) = \text{MScoagg}_{it}(\gamma) - \overline{\text{MScoagg}_i}(\gamma)$，$\dot{\varepsilon}_{it} = \varepsilon_{it} - \bar{\varepsilon}_i$，可以得到下式：

$$\dot{\text{gdp}}_{it} = \beta' \dot{\text{MScoagg}}_{it}(\gamma) + \dot{\varepsilon}_{it} \tag{5-6}$$

在式（5-6）基础上估计门槛值 γ 和系数 β。从理论角度出发，门槛值 γ 满足 $\gamma \in \{q_{it}: 1 \leqslant i \leqslant n, 1 \leqslant t \leqslant T\}$。因此，在给定的门槛值 γ 下，对式（5-6）进行 OLS 估计，求得对应的残差平方和 $S(\gamma)$，如果给定的 γ 值越接近真实门槛值，则 $S(\gamma)$越小。选择 $S(\gamma)$的最小值，即为 γ_0，也就是 $\tilde{\gamma}$，$\tilde{\gamma} = \text{argmin}_\gamma S_1(\hat{\gamma})$，从而得到真实的参数估计值，最后可得出系数值 $\hat{\beta}(\hat{\gamma})$。

---

[1] 马昱，邱菀华，王昕宇．高技术产业集聚、技术创新对经济高质量发展效应研究——基于面板平滑转换回归模型［J］．工业技术经济，2020，39（2）：13-20.

还需对门槛效应的显著性与真实性加以检验，设原假设 H_0：$\beta_1=\beta_2$，检验统计量 $F_1=\frac{(SSR_0-SSR_1(\hat{\gamma}))}{\tilde{\delta}^2}$，$SSR_0$ 代表原假设条件下的残差平方和，$SSR_0 \geqslant SSR_1(\hat{\gamma})$，二者之差越大，$SSR$ 越显著；$\tilde{\delta}^2$ 代表残差平方和。

当拒绝原假设时，门槛效应存在，但 c 值存在不确定性，使统计量 F_1 不是标准正态分布的，临界值便不可得。此时，可应用"自抽样法"来模拟，获取 P 值，根据 P 值对 γ 进行显著性检验。在此基础上，进一步检验 γ 值的真实性。

单门槛真实性检验的 H_0 和 F_1 分别为：H_0：$\gamma_1=\gamma_2$，$LR_1=\frac{(S_1(\gamma)-S_1(\hat{\gamma}))}{\tilde{\delta}^2}$。由于 LR_1 并非标准正态分布的，此时可通过 Hansen 给定的公式 $LR_1 \leqslant -2\ln(1-\sqrt{1-\vartheta})$ 计算出拒绝域，ϑ 代表显著性水平。

当单门槛效应拒绝 H_0 时，至少存在单一门槛，此时需要对第二门槛再检验，并以此类推。

5.3.1.2　变量选取与数据来源

A　被解释变量

经济增长（gdp），采用实际 GDP 作为衡量珠三角城市群各城市的经济增长水平，根据各个城市的 GDP 平减指数调整为 2000 年的不变价格。

B　核心解释变量

依然采用多样化产业共聚指数（MScoagg）作为核心解释变量。

C　控制变量

沿用上一节的各控制变量，分别为资本存量（k）、人力资本（khum）、财政收入（gr）、产业结构（Mindus、Sindus），并新增科研投入（rd）变量，以各地级市研究与试验发展经费作为科研投入变量。

D　门槛变量

综合既有文献，选择如下变量作为门槛变量。

（1）对外开放度（FDI）。对外开放度用以验证产业共聚作用于经济增长时存在"开放性假说"，开放性假说是由 Krugman 和 Elizondo（1996）提出的，Krugman 和 Elizondo 认为，产业集聚对开放程度较低的地区的经济影响更大，主要原因在于，开放程度较低的区域内地区间的地理距离较近贸易水平较高，区域内贸易水平的提高使跨区域的贸易有所减少，因此开放程度越高越不利于经济的增长。孙浦阳等（2011）通过实证分析检验产业空间集聚能否促进经济增长时，发现开放程度在产业集聚对经济增长的影响中产生负向效益。因此，选择实际使用外资金额占 GDP 比重表示对外开放程度，其中实际使用外资金额按照各年度人民币平均汇率折算。

（2）制造业集聚度（MLQ）与生产性服务业集聚度（SLQ）分别用制造业区位熵和生产性服务业区位熵代表。已有研究指出，产业专业化水平越高，产业共聚指数越高，产业共聚水平可能会因为产业专业化水平的不同而存在差异性，区位熵是促进区域经济发展的重要约束条件（惠炜等，2016；伍先福，2019）❶❷。因此，选取制造业集聚度（MLQ）与生产性服务业集聚度（SLQ）作为门槛变量考察产业共聚对经济增长的门槛效应，区位熵沿用本书第 4 章的计算结果。

（3）人均 GDP（pgdp）。选择人均 GDP（pgdp）作为经济发展水平的变量，是为了证明威廉姆森“倒 U 假说”的存在。刘修岩等（2012）对产业集聚作用于经济增长的影响进行检验，结果显示产业集聚能够对人均 GDP 以及地区经济增长产生积极作用，且当经济发展到一定程度后，证实了威廉姆森“倒 U 假说”的存在，即经济不集聚现象❸。王晓硕等（2014）分析了经济集聚下产生的工资效应和经济增长效应的作用关系，发现以人均 GDP（pgdp）作为门槛变量，其结果验证了该假说❹。

本小节的所有变量指标均来自 2001—2019 年各地级市统计年鉴、《中国统计年鉴》《广东统计年鉴》《中国城市统计年鉴》和中经网统计数据库，缺失数据以插值法补全，所有变量均以标准化方法处理。门槛效应检验结果均通过“自抽样法（Bootstrap）”进行 1000 次抽样得到 P 值和临界值结果。

5.3.2 实证结果及分析

5.3.2.1 对外开放度（FDI）门槛变量

将对外开放度（FDI）作为门槛变量进行门槛效应检验，以确定门槛的个数是否拟合其门槛模型。表 5-3 为单一门槛、双重门槛以及三重门槛效应的检验结果，从结果可知，单一门槛在 5% 和 10% 的水平上显著，双重门槛和三重门槛未通过显著性检验，因此对外开放度存在单一门槛效应。

---

❶ 惠炜，韩先锋．生产性服务业集聚促进了地区劳动生产率吗？[J]．数量经济技术经济研究，2016，33（10）：37-56.

❷ 伍先福．产业协同集聚对全要素生产率影响的门槛效应研究——基于中国 246 个城市的实证检验[J]．经济经纬，2019，36（2）：72-78.

❸ 刘修岩，邵军，薛玉立．集聚与地区经济增长：基于中国地级城市数据的再检验［J］．南开经济研究，2012（3）：52-64.

❹ 王晓硕，王维国．经济集聚的工资效应和经济增长效应研究——基于地区收入差异及门槛回归的检验［J］．统计与信息论坛，2014，29（12）：15-23.

表 5-3　门槛效应检验结果

模型	F 值	P 值	临界值		
			10%	5%	1%
单一门槛	30.33[②]	0.0400	23.8320	28.0588	39.7268
双重门槛	5.71	0.8860	30.9828	38.2723	58.1724
三重门槛	5.76	0.5260	12.3410	15.6367	22.7689

注：①、②、③分别代表在 1%、5% 和 10% 水平上显著。
资料来源于作者通过 STATA 软件测算。

在单一门槛显著的基础上，再进行单一门槛值估计，并对其进行真实性检验。门槛估计值是似然比检验统计量（*LR*）为 0 时的 γ 值，由表 5-4 的估计结果可以看出，单一门槛的估计值为 -0.8084。图 5-1 为对外开放门槛估计结果的 *LR* 似然图，是对其置信区间和门槛估计值进行取点绘制的，水平虚线为 95% 置信区间下的 $LR(\gamma)$ 临界值。当曲线与水平虚线相交时，最低点代表门槛值。由表 5-4 和图 5-1 可知，单一门槛估计值为 -0.8084，*LR* 位于 95% 置信区间内 [-0.8230，-0.8070]，通过了真实性检验。

表 5-4　门槛估计结果

单一门槛模型	门槛估计值	95% 置信区间
	-0.8084	[-0.8230，-0.8070]

注：资料来源于作者通过 STATA 软件测算。

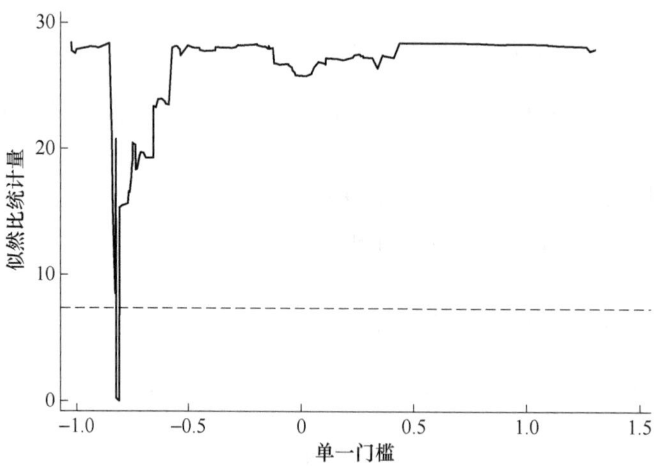

图 5-1　*LR* 似然图（一）
（资料来源：作者通过 STATA 软件测算并绘制）

对单一门槛进行回归分析，由表5-5的门槛回归结果来看，将门槛值转换为自然数，即0.4483（$e^{-0.8084}$），当对外开放程度小于门槛值时，估计系数为0.0725，未通过显著性检验，即当对外开放程度小于门槛值时，产业共聚对于经济增长产生拉动作用，但拉动作用并不显著；当对外开放程度大于门槛值时，估计系数由正转为负（-0.0526），未通过显著性检验，此时产业共聚对于经济增长呈现出抑制作用，但作用效果仍不明显。这说明从对外开放性假说得到验证，假设 H_2 成立，即珠三角城市群要将对外开放水平控制在一定范围内，控制在合理范围时，对外开放度会对产业共聚与经济增长产生积极的影响，超出这一范围可能会抑制经济的增长。但从回归结果来看，作用均不显著。

表5-5 门槛回归结果

变 量	估计系数	T值	P值
$q_{it} \leqslant -0.8084$	0.0725	1.53	0.129
$q_{it} > -0.8084$	-0.0526	-1.55	0.125
F-stata	950.33		
R^2	0.9105		
观测值	144		

注：资料来源于作者通过STATA软件测算。

5.3.2.2 制造业集聚度（MLQ）与生产性服务业集聚度（SLQ）门槛变量

A 制造业集聚度（MLQ）

以制造业集聚度（MLQ）作为门槛变量，从表5-6中可以看出，制造业集聚度具有单门槛效应，通过了1%水平的显著性检验，在此基础上进行单门槛估计，并进行真实性检验。

表5-6 门槛效应检验结果

模型	F值	P值	临 界 值		
			10%	5%	1%
单一门槛	50.68①	0.0010	18.0863	23.0359	32.9914
双重门槛	11.29	0.1970	14.0981	17.7448	24.7368
三重门槛	8.48	0.3760	14.2602	16.8223	22.0909

注：①、②、③分别代表在1%、5%和10%水平上显著。

资料来源于作者通过STATA软件测算。

在表 5-7 中，门槛估计值为 1.3600。图 5-2 中，*LR* 处于 95% 置信区间［1.3508，1.3727］内，说明通过了真实性检验，门槛估计值与实际值相等。

表 5-7　门槛估计结果

单一门槛模型	门槛估计值	95% 置信区间
	1.3600	［1.3508，1.3727］

注：资料来源于作者通过 STATA 软件测算。

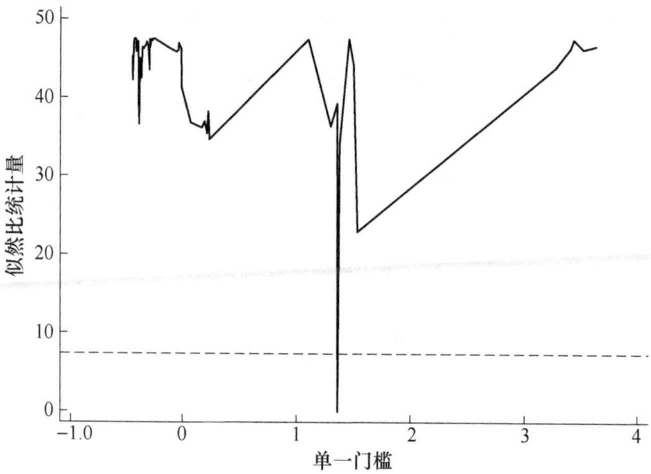

图 5-2　*LR* 似然图（二）

（资料来源：作者通过 STATA 软件测算并绘制）

表 5-8 为制造业集聚度的单门槛回归结果。

表 5-8　单槛回归结果

变　量	估计系数	*T* 值	*P* 值
$q_{it}\leqslant 1.3600$	−0.2832①	−3.91	0.000
$q_{it}>1.3600$	−0.1581①	−4.22	0.000
F-stata	807.15		
R^2	0.9259		
观测值	144		

注：①、②、③分别代表在 1%、5% 和 10% 水平上显著。

资料来源于作者通过 STATA 软件测算。

将门槛估计值换算成自然数为3.8962（$e^{1.3600}$），从表5-8中可以看出，制造业集聚度低于3.8962时，产业共聚对经济增长的影响估计系数为-0.2832，在1%水平下显著为负，说明当制造业集聚度小于门槛值时，珠三角城市群的制造业集聚度在产业共聚作用于经济增长的影响时具有显著的抑制作用。当制造业集聚度大于3.8962时，估计系数为-0.1581，通过了1%显著水平性检验，虽然估计系数依然显著为负，但绝对值增加了0.0125，说明当制造业集聚度跨越门槛值时，制造业集聚度有所提高，产业共聚对经济增长的抑制作用有所减小。当制造业集聚度作为门槛变量时，产业共聚对经济增长的影响存在明显的门槛效应，当制造业集聚度提高时，产业共聚对于经济增长的抑制作用减小，说明假设H_3成立。在珠三角城市群中，制造业集聚度跨越门槛值3.8962的有27个，主要分布在广州与深圳，占总截面数据的18.75%，而广州与深圳两个城市的制造业集聚度明显改善了产业共聚作用于经济增长的拥挤效应。总体而言，珠三角城市群制造业集聚有助于产业共聚对经济增长的提升。

B 生产性服务业集聚度（SLQ）

以生产性服务业集聚度（SLQ）作为门槛变量，从表5-9中可以看出，单一门槛通过5%显著性检验，说明存在单一门槛效应，进行单一门槛估计，并对其进行真实性检验。

表5-9 门槛效应检验结果

模型	*F*值	*P*值	临界值		
			10%	5%	1%
单一门槛	38.94②	0.0280	23.9201	31.2544	51.0648
双重门槛	25.17	0.1560	41.2127	59.9891	98.0569
三重门槛	24.80	0.4980	70.3294	83.2031	126.9671

注：①、②、③分别代表在1%、5%和10%水平上显著。

资料来源于作者通过STATA软件测算。

由表5-10可知，生产性服务业集聚度的门槛估计值为2.8859。由图5-3可以看出，第一门槛在95%置信区间内，证明门槛通过真实性检验。

表5-10 门槛估计结果

单一门槛模型	门槛估计值	95%置信区间
	2.8859	[2.8134，2.8990]

注：资料来源于作者通过STATA软件测算。

表5-11为生产性服务业集聚度作为门槛变量的回归估计结果。

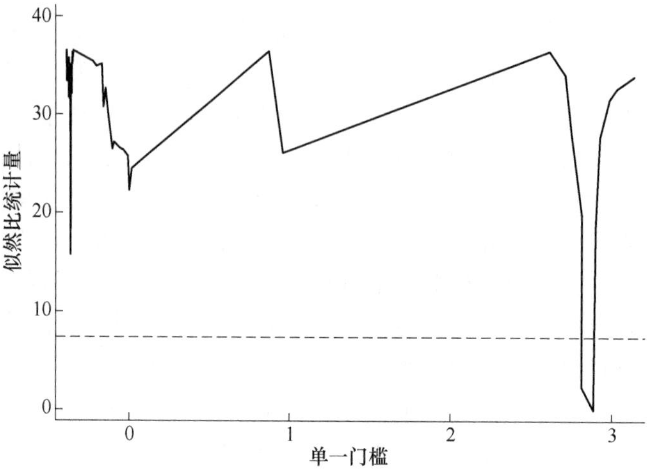

图 5-3　*LR* 似然图（三）

（资料来源：作者通过 STATA 软件测算并绘制）

表 5-11　门槛回归结果

变　量	估计系数	*T* 值	*P* 值
$q_{it} \leq 2.8859$	-0.2404①	-6.47	0.000
$q_{it} > 2.8859$	-0.1364①	-4.36	0.000
F-stata	985.43		
R^2	0.9252		
观测值	144		

注：①、②、③分别代表在 1%、5% 和 10% 水平上显著。

资料来源于作者通过 STATA 软件测算。

根据估计结果，当生产性服务业集聚度低于 2.8859 时，产业共聚对于经济增长的影响系数为负，即 -0.2404，在 1% 水平下显著为负；当生产性服务业集聚度大于 2.8859 时，产业共聚对于经济增长的影响系数为 -0.1364，在 1% 水平下显著为负。此结果与制造业集聚度门槛效应结果相似，说明生产性服务业集聚度较低时，不利于产业共聚作用于经济的增长，验证了假设 H_3。当生产性服务业集聚度跨越门槛时，影响估计系数的绝对值增加了 0.104，说明生产性服务业的集聚度增加，对产业共聚作用于经济增长的负向影响显著减少，但积极效应不明显。

分析出现这种情况的原因，要结合制造业和生产性服务业的本质性来解释。其一，生产性服务业是伴随着制造业而产生的，只有制造业的集聚度提高，才能催生出对于生产性服务业的大量需求，进而产业共聚才能促进经济的增长；其二，只有在制造业达到一定集聚度时，才能突出生产性服务业的重要性，也就是说，当制造业专业化集聚度不高时，产业共聚由制造业的集聚为主导；相反，当制造业集聚度较高时，主导地位则变为生产性服务业。以制造业集聚度和生产性服务业集聚度作为门槛变量时，因制造业集聚度本身不高，而产生了产业共聚作用于经济增长的抑制作用；相对来讲，生产性服务业集聚度作为门槛变量时，也要受此影响。考虑珠三角城市群的现实情况，产业同构现象严重，大量同质产业的扎堆并没有带来技术外溢和知识外溢效应，导致产业共聚并不能发挥出最大效益来促进经济的增长。珠三角城市群不仅要促进制造业高质量的发展，还要避免产业间的同质化竞争。珠三角城市群的制造业与生产性服务业集聚度水平有较大差异，产业集聚度处于较高水平的主要集中在广州与深圳两地，并共同推动了珠三角城市群经济的发展，这也说明广州与深圳的产业集聚竞争效应明显，进一步扩大了地区间的发展差距（李胜会等，2008）❶。珠三角城市群应合理控制产业共聚的水平，并通过调整与升级产业结构共同促进经济的发展。

5.3.2.3 人均 GDP（pgdp）门槛变量

根据前文的面板回归模型和检验方法，以人均 GDP（pgdp）作为门槛变量，对人均 GDP（pgdp）进行门槛效应检验。由表 5-12 可知，当人均 GDP（pgdp）作为门槛变量时，单门槛 *F* 值为 54.65，在 1% 水平下显著，其他门槛值均不显著。

表 5-12 门槛效应检验结果

模型	*F* 值	*P* 值	临界值		
			10%	5%	1%
单一门槛	54.65①	0.0010	22.8635	27.3787	38.6954
双重门槛	24.20	0.2060	80.7587	102.8174	172.4725
三重门槛	11.45	0.8670	112.6759	143.8292	230.2719

注：①、②、③分别代表在 1%、5% 和 10% 水平上显著。

资料来源于作者通过 STATA 软件测算。

对单门槛值及其真实性进行检验，根据表 5-13 和图 5-4 可知，门槛值为 2.0417，*LR* 处于 95% 置信区间［1.8314，2.0463］内，表示单门槛估计值通过了显著性检验。

❶ 李胜会，冯邦彦. 地区差距、产业聚集与经济增长：理论及来自广东省的证据［J］. 南方经济，2008（2）：3-18.

表 5-13　门槛估计结果

单一门槛模型	门槛估计值	95%置信区间
	2.0417	[1.8314，2.0463]

注：资料来源于作者通过 STATA 软件测算。

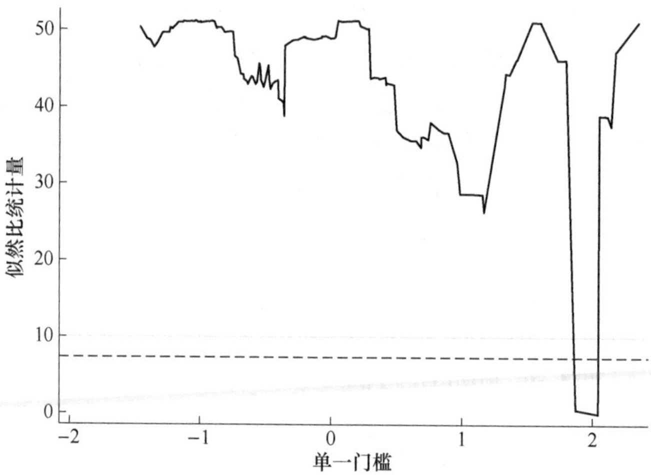

图 5-4　*LR* 似然图（四）

（资料来源：作者通过 STATA 软件测算并绘制）

由表 5-14 的门槛回归结果可知，当门槛值小于 2.0417 时，人均 GDP（pgdp）对产业共聚作用于经济增长的影响估计系数为 -0.0665，在 5% 水平下显著，这说明此时产业共聚水平每下降 1%，经济的增长将下降 6.65%，人均 GDP（pgdp）的减少将不利于经济的增长。

表 5-14　门槛回归结果

变　量	估计系数	*T* 值	*P* 值
$q_{it}\leqslant 2.0417$	-0.0665②	-2.10	0.038
$q_{it}>2.0417$	0.0631	1.25	0.213
F-stata	1095.79		
R^2	0.9293		
观测值	144		

注：①、②、③分别代表在 1%、5% 和 10% 水平上显著。

资料来源于作者通过 STATA 软件测算。

当跨越门槛值时，影响系数由负转正，但并未通过显著性检验，说明当人均 GDP（pgdp）有所增加时，对产业共聚作用于经济增长产生了积极的影响，但这种积极的影响不显著。当人均 GDP（pgdp）低于门槛值时，对于经济的增长产生抑制作用；当其突破门槛值时，能够对经济的增长产生推动作用，但不明显。可见假设 H_4 成立，即存在威廉姆森的“倒 U 假说”，人均 GDP（pgdp）突破门槛值时，产业共聚对于经济增长的影响是由负转正的，但效果不明显，这可能是受地区的其他因素影响的关系。

6 城市群产业共聚发展路径与策略分析

城市群建设作为我国的长期发展战略，是承载我国产业协调发展的空间载体与地理单元。通过研究城市群空间内的产业共聚，合理地建设现代产业体系并对产业进行空间治理，是推动我国产业结构升级转型和高质量发展的重要举措，也是推动区域经济协调发展、提升区域创新力、促进“双循环”模式发展的重要抓手。以城市群产业体系的协调发展为视角，通过对城市群产业共聚形态的研究，探讨不同产业在区域空间的联动性和相互关系，科学地研究产业空间的客观分布规律，对于把握城市间，以及城市群内的产业结构调整与升级、产业体系发展的方向性指导和产业发展的优化治理政策都具有重要的理论价值和现实意义。

6.1 城市群产业共聚的发展路径分析

城市群产业共聚的研究不应仅仅聚焦于单个产业在空间中的集聚，应该将研究的内容拓展到产业共聚上，其中包括专业化产业共聚和多样化产业共聚两种形式。另外，基于空间连续性视角，研究也不能局限于单一区域，应该从静态空间视角向连续空间视角拓展，即以城市群为空间载体的产业共聚研究，以上这些都是本书尽力弥补和克服以往研究中的不足。综合来看，本书研究提出的城市群产业共聚发展策略主要基于以下四个方面的实证分析：

一是“现代产业体系—产业共聚—城市群经济协调发展”理论分析框架。结合产业共聚与现代产业体系、城市群产业空间布局、经济效应提升等现实需求，以城市群产业共聚为研究的切入点，将产业与空间的互动关系放入城市群发展之中进行考察，深入挖掘产业共聚与区域经济协调发展的内在关联机制。

二是专业化产业共聚指数和多样化产业共聚指数测算。首先，基于离散空间单元与连续空间单元两种产业共聚测度方法，运用 Colocalization 指数，将 Wasserstein 距离测算方法加以改进，通过机器学习最优传输距离算法，结合蒙特卡罗模拟和假设检验，构建了专业化产业共聚指数（Coagg）；其次，运用修正的 EG 指数，构建了多样化产业共聚指数（MScoagg）。基于此，以珠三角城市群产业共聚发展特征为例，对其展开时间与空间的双重维度讨论，分析其产业空间及其布局的演进趋势。

三是产业共聚与全要素生产率及其各分解要素的空间计量模型构建，有利于进一步从空间角度对二者的互动关系加以验证。首先，通过 DEA-Malmquist 指数测算方法，对珠三角城市群的全要素生产率进行测度，并分析其总体变化和区域差异；其次，通过产业共聚对全要素生产率空间计量模型的建立，对产业共聚通过推动全要素生产率的增长来提升区域经济增长的作用方式进行实证分析。

四是产业共聚与经济增长关系的空间计量模型和门槛回归模型的构建，有利于深入探究产业共聚对经济增长的空间效应与约束机制。首先，有针对性地提出与空间溢出效应、威廉姆森假说、开放性假说和支柱性产业相关的研究假设；其次，建立多样化产业共聚空间经济模型，探究多样化产业共聚影响经济增长的效应机制；再次，建立多样化产业共聚的非线性门槛回归模型，分析影响经济增长的相关门槛变量及其约束条件。

基于前述分析，本书研究认为以下几个方面可以作为城市群产业共聚发展路径和策略的制定依据。

6.1.1 专业化向多样化演进的产业空间转型路径

产业共聚发展具有从专业化产业空间到多样化产业空间发展的特征，在珠三角地区形成了以中心城市辐射带动作用为主的新产业格局，也代表了产业体系向着更加现代化的方向发展。

产业的发展并不是单调不变的，会随着时间与空间维度产生相应变化，演化成单一到多样化产业空间的发展趋势，多数研究只专注于其中一个方面，这很难体现出区域产业的空间发展特征和共聚模式。本书围绕珠三角地区产业空间的总体特征和产业的发展现状、结构的演变历程，对区域内外产业结构性转换的过程进行梳理，研究发现，近年来珠三角城市群产业空间布局正从单一工业的发展格局转变为服务业与工业协调发展的现代化、多样化的产业体系，这其中不乏有相关政策的指导与实施，也包括产业关联性的增强和空间联动性的作用机制。产业结构已从“二、三、一”结构转变为“三、二、一”结构，服务业对于经济发展的作用力不断增强，产业体系更加现代化、服务化且多元化，产业结构趋向于工业与服务业共同发展阶段。在产业结构内部特征分析中可以发现，轻重工业占比自 2004 年后发生较大变化，重工业仍是珠三角和环珠三角城市群工业的主体，产业体系由传统型转变为具有先进技术、科技创新、高附加价值产业的发展方向演进；同时，高能耗高污染产业占比减少，也代表了产业体系向着更加现代化、高端化、更具效率、更加清洁的方向发展。现代服务业对于珠三角城市群经济增长的贡献率保持在较高水平，第三产业的就业人数在近年来保持了上升的趋势，广州和深圳的金融业对于经济增长的贡献率逐年升高，多中心、多圈层的产业体系已初具规模，形成了以中心城市辐射带动作用为主，推动区域经济协调发展的新产业格局。

6.1.2　纵向分工深化与跨域互动的协同发展路径

城市群产业共聚具有纵向深化分工和跨域互动明显的特征，核心优势产业会产生“虹吸效应”，在珠三角地区核心城市更倾向于生产性服务业集聚的发展，而外围地区制造业的集聚程度较高。

第一，在以工业为主导产业的发展阶段，从专业化产业共聚指数中能够明显地发现，2008—2014 年间产业共聚总体水平有所提升，同大类产业共聚水平具有产业进一步深化分工和纵向发展特征，不同大类产业的共聚呈现出产业空间网络联系更加紧密的特征。在同大类产业显著共聚中，2014 年比 2008 年增加了 5 个产业种类，在此期间，珠三角城市群产业的发展呈现出纵向延伸和产业链延长的趋势，产业的分工进一步深化，上下游产业联系更为紧密，产业的种类也逐渐增多；在不同大类产业共聚中可以发现，核心优势产业以劳动密集型产业和资本密集型产业为主，核心优势产业在区域空间上具有的各要素禀赋优势可以带来“虹吸效应”，将不断吸引具有相似要素禀赋的产业在其附近发展并产生共聚。

第二，在多样化产业的发展阶段，区域中工业越发达，与之配套的服务业发展便越先进。研究发现，同大类产业显著共聚频次增加和不同大类中类产业的集聚，亦可催生出具有关联性产业的发展，在知识溢出效应和技术溢出效应共同作用下，诞生了为工业服务的中间品投入行业的发展，即生产性服务业的崛起。此时，对于产业共聚的观测将不能局限于单一产业，而是将其纳入多样化产业协同发展的分析框架中。为此，从制造业和生产性服务业共同集聚的空间发展趋势出发，本书构建了多样化产业共聚指数，该指数能够从产业共同发展的质量和高度上衡量区域多样化产业共聚的发展情况。研究发现，2002—2018 年，珠三角城市群多样化产业共聚处于较高水平，但各圈层城市的多样化产业共聚水平有所差异。分析表明，造成这种差异的原因是产业的跨域互动因素，产业跨域互动是在产业分工的基础上产生的，本地企业可通过区域间的流动从而产生广义上的产业空间集聚，具有上下关联的企业流动则在空间中形成产业共聚，这一特点体现在现实中便是城市群中的中心城市更倾向于生产性服务业的集聚，而周边城市则倾向于制造业的集聚发展。

第三，珠三角城市群空间存在明显的跨域产业互动趋势，形成了“中心-外围”的产业发展模式。在多样化产业共聚的区域差异分析中，将珠三角城市群内 9 个核心城市划分为三个圈层，处于第一圈层中广州、深圳的多样化产业共聚水平呈现下降趋势，但生产性服务业集聚水平明显高于其他圈层城市，围绕在第一圈层城市周围的第二圈层城市有佛山、肇庆、东莞和惠州，其多样化产业共聚水平呈现“N”形上升趋势，生产性服务业集聚水平和制造业集聚水平均处于中游；处于第三圈层的珠海、中山和江门，多样化产业共聚水平总体呈现上升趋势，这主要是外围城市制造业集聚程度较高的原因。

6.1.3 技术-空间双维驱动的要素优化配置路径

城市群多样化产业共聚是产业技术因素与产业空间因素共同作用的结果，其空间相关性和溢出效应受空间要素禀赋的影响，主要体现为相邻城市产业集聚水平的影响，以及空间异质性中的比较优势影响。

产业共聚的影响因素不仅体现在相关产业的集聚水平和产业结构上，还体现在空间要素禀赋的影响上。在对珠三角城市群产业共聚发展的空间相关性分析中发现，制造业集聚度、生产性服务业集聚度和产业结构等因素对相邻地区产业共聚有着正向的空间溢出效应；知识溢出、基础设施和城市规模等因素对本地产业共聚有正向的溢出效应。研究结果说明，一方面，城市群中单一城市的产业共聚水平必然受到与其相邻城市的产业集聚水平的影响，每个城市内的制造业与生产性服务业的供求关系要受到本地与相邻地区的双重影响，这两个产业间又具有明显的内生关联性，能够进一步作用于空间溢出效应；另一方面，珠三角城市群多样化产业共聚受空间异质性中的比较优势影响，虽然城市群内产业共聚的空间邻近性使其空间互动关系有所增强，但产业共聚也会受到本地与邻近空间政府管制、基础设施建设等因素的影响，基础设施水平和信息化水平等交易成本的增长不利于本地产业共聚水平的提高，但跨区域沟通交流的成本下降有利于邻近地区产业共聚水平的提高。此外，空间效应分析还发现，制造业集聚度和生产性服务业集聚度对于产业共聚的平均影响具有正向的空间溢出效应，对外开放水平的提升不利于城市群产业共聚水平的提高。

6.1.4 全要素生产率多维提升的溢出传导路径

多样化产业共聚对于全要素生产率及其构成中的技术效率、技术进步效率和规模效率具有正向的空间溢出效应，能够改善本地企业及其产业的生产条件，推动技术进步以改善其技术效率，最终形成规模效率的改善。

全要素生产率改进的源动力是技术进步推动的技术效率，技术效率的提高促进了全要素生产率的增长。在对珠三角城市群 2002—2018 年的全要素生产率测算中发现，珠三角城市群的全要素生产率呈现多中心的增长模式，全要素生产率及其分解要素的增幅逐年减少，经济的增长效率放缓且动力不足，存在显著的空间差异性。由于产业过度集聚会形成不良竞争，导致企业在生产和销售等经营过程中对同质资源的抢夺，因此，在多样化产业共聚对全要素生产率的影响分析中重点考察了这方面；实证研究发现，珠三角城市群的多样化产业共聚并未产生明显的拥挤效应，对本地和相邻地区的全要素生产率均有促进作用，存在明显的正向空间溢出效应。进一步分析发现，多样化产业共聚对于全要素生产率的平均影响显著为正，对技术效率和规模效率的改善有抑制作用但不明显，对技术进步效率则产生了积极的影响。其中，生产性服务业的集聚对技术效率与规模效率的平均影响均显著为正。综合分析表明，区域经济的发展并不是一个孤立的发展过程，经济要素在空间的流动可以将各独立的经济体联结为一个系统性整体。基于此，在地区性差异和行业异质性的前提下，多样化产业共聚产生的空间溢出效应，能够改善本地企业及其产业的生产条件，推动技术进步以改善其技术效率，最终形成规模效率的改善。

6.1.5 适度集聚约束下的经济增长均衡路径

多样化产业共聚对经济增长的影响存在空间溢出效应，但珠三角城市群的产业同构性和外向型经济特征会影响其经济的长期发展；产业共聚水平的非线性影响机制表明，产业共聚水平并不是越高越有利于经济的增长，而是需要控制在合理的范围内。

一方面，多样化产业共聚能够对区域经济增长产生一定的影响。空间经济模型分析发现，多样化产业共聚的空间效应具有阶段化特征，对于珠三角城市群经济增长的影响符合威廉姆森假说，即多样化产业共聚具有集聚的适度性，在经济发展初期可通过集聚效应促进经济的增长，但过度集聚产生拥挤效应时则可能抑制经济的增长。实证结果表明，珠三角城市群多样化产业共聚对于经济增长的抑制作用不显著，能够为经济的发展贡献一定的力量。现阶段珠三角城市群产业共聚存在明显的同构性，且外放型经济特征明显，对经济增长的影响主要表现为：其一，区域产业同构可能与以经济绩效为主的政府通过鼓励相同产业发展提升区域竞争力有关，从长期来看，这种同构型产业共聚很难为区域经济增长带来更大的提升空间；其二，珠三角城市群产业共聚的外向依赖性特征与外放型经济发展模式有关，会受到国际环境、要素价格上涨等因素的制约，过度依赖外商投资和引进技术将导致高技术产业的自主创新能力下降，无法吸引同类型产业的共聚。从长期来看，这不利于经济的进一步增长。

另一方面，多样化产业共聚对于城市群经济增长的影响存在非线性机制。门槛效应模型分析表明，产业共聚水平对于城市群经济增长的影响存在门槛值或“临界点”，而非单调递增，即不是越高越有利于经济的增长，同样的情况也适用于对外开放程度、制造业集聚度、生产性服务业集聚度和人均 GDP（pgdp）等要素，当这些要素达到临界点时，产业共聚对经济增长的影响将产生质变。因此，适度把控三种变量的发展水平，将更有利于多样化产业共聚促进区域经济的增长。

6.1.6 现代产业体系双向融合的系统构建路径

珠三角城市群产业共聚与现代产业体系存在互动关系，通过其产业技术体系与空间体系共同构成了多样化产业的高效运营体系，应利用好二者的互动关系，促进城市群经济的协调发展。

城市群经济增长与区域协调发展究其根本是产业的发展，无论是专业化产业共聚还是多样化产业共聚都是产业的经济活动在空间的聚集表现。从微观层面上看，产业共聚可通过企业地理位置的集中分布，产生专业化分工模式，形成产业间的前后向联系，生产环节的细化不断催生出中间投入品行业的发展，从而使多样化产业在空间中融合，让产业共聚成为可能。产业融合能够进一步促进技术创新，弱化技术壁垒，推动产业结构的优化升级，进而促进城市群经济效益的提升。从中观层面上看，区域差异性的存在让产业共聚产生集聚与扩散效应，在延伸现有产业链的基础上，通过技术催生出新产业，并与原有产业形成新的产业链，当产业链的发展突破区域规划限制时，各区域内片段化产业链以及产业链的空间重组，将通过跨区域分工模式推动区域链的整合与现代产业体系的发展。从宏观层面上看，产业链在空间中的动态演化是产业体系的建设基础，产业共聚产生的技术与知识的溢出效应将进一步作用于产业体系，形成创新性、多元化的现代化产业体系，在区域空间中发挥对经济增长的正向引导作用，建立生产效率与区域平衡发展的作用机制。

6.2 城市群产业共聚影响经济增长的策略分析

基于以上对珠三角城市群产业共聚的测度、空间演变特征，及其对经济增长的影响研究，本书提出以下可行策略。

6.2.1 构建产业-空间协同治理网络

结合城市群产业的关联性与空间联动性，重点完善以城市群为主导的产业体系的建立，将产业融合与跨域产业链整合作为城市群产业体系建立与产业空间网络治理的重点方向。一方面，在珠三角城市群专业化产业共聚指数中，不同大类下中类产业的集聚打破了传统产业划分的界限，而同大类产业的共聚使产业链得以延伸。跨区域产业分工、空间互动和相关产业的空间依存度是城市群产业协调政策主要的把握方向，既要保证生产要素的共享机制，也要注重资源的合理利用效率，避免产业的大量同构所产生的经济负担，为专业化经济的发展提供良性的产业环境保障。另一方面，要充分调动多样化产业共聚对于经济效益影响的积极作用，多样化产业共聚中的产业具有高度关联性，在空间中的表现是互补效应和挤出效应共存的，两种效应的均衡值能够将产业的互补效应最大化。

因此，在产业政策上要充分协调具有关联性产业的配套生产效率，促进产业结构的升级，改善区域内基础设施建设、人才培养和信息交流水平等外部条件，发挥多样化产业共聚的空间溢出效应，构建技术溢出、信息与知识传播以及专业化人才学习交流的互动平台。

6.2.2 实施多圈层差异化产业布局

鉴于珠三角城市群多中心的空间结构，重点构建不同圈层城市的差异性产业空间结构，使产业共聚在主次中心城市内得到充分的发展，共同带动区域经济的协调发展。各级政府应贯彻落实多中心空间结构的发展，根据各城市产业的定位规划产业空间格局，结合各城市以及各圈层城市的产业空间分布特点，制定差异化产业空间治理规划措施，使产业共聚不仅停留在形成阶段，还要为推动经济高质量发展做充分的准备。

（1）以第一圈层的广州、深圳为国际产业服务中心和国家产业创新中心，充分发挥中心城市的辐射带动效应，同时将部分制造业的发展转移到次中心城市，减轻核心城市的负担，为中心城市高技术高质量产业提供广阔的发展空间与机遇。

（2）以第二圈层的佛山、肇庆、东莞和惠州作为国际产业制造中心、世界级石化产业基地、传统产业升级集聚区和重大装备制造配套基地，形成珠三角制造业的空间发展格局，以大规模、专业化的产业园区发展促进产业集群的形成，以制造业和配套生产性服务业的共同集聚保证城市经济的发展效率。

（3）以第三圈层的珠海、中山和江门作为国际重大装备制造业中心和国家级先进制造业基地，形成珠江口东西两岸和沿海产业发展轴，促进第三圈层城市经济的进一步发展。

6.2.3 建立跨区域产业生态共同体

积极发挥多样化产业在城市群空间的共聚效应，促进城市群各区域间产业的升级和协同发展效应。基于珠三角城市群产业共聚的研究，可以总结出城市群产业共聚发展的一般规律，并应用到我国其他区域或都市圈经济的发展中。以产业发展和升级为目的，在战略上要通过产业空间结构的调整，推动区域都市化的发展以及城市内集聚区的有机整合，在我国广阔的区域空间中打造多个都市圈和城市带的集合体，提高制造业与生产性服务业的共聚整合程度，以中心城市生产性服务业的集聚和周边次中心城市制造业的集聚为切入点，实现广域空间上的多样化产业共聚，完善从服务到生产的区域功能分工。同时，要整合分散在各区域中的产业链，形成区域空间产业链网络化发展，实现区域间的协同升级效应。在空间产业结构的布局与调整方面，要从制度上入手，避免地方保护主义带来的消极效应，完善区域行政体制的改革，强化地区间政府合作机制，进一步推进区域一体化战略的同时，完善基础设施等建设，加速区域要素质量和流通速率，为多样化产业共聚创造良好的发展环境。

此外，多样化产业共聚具有产业异质性特征，在政策制定上要注意行业间的差异性，通过差异化产业政策进一步协调二者的关系并推动产业的融合。

6.2.4　优化动态适配型空间规划

合理规划布局城市群产业空间以及区域经济的发展。产业的空间布局应与其产业的空间特性相匹配，中心城市生产性服务业的集聚往往是有辐射半径的，生产性服务业服务能力越强，辐射半径越大，城市群或都市圈的规模越大。例如，广州与深圳两座国际化大都市是珠三角城市群以及我国对外服务的中心，因生产性服务业高度集中使其服务能力能够覆盖整个区域。就我国其他区域而言，一味地追求城市的扩张可能与区域内在产业空间不匹配，从而降低规模效率，城市群的规划与扩张应采取因地制宜的政策，仅在政策上对区域空间进行合理规划是不够的，区域空间的发展依赖于产业的发展，如何实现区域产业空间的有效布局是城市群经济协调发展的重点。

政府干涉对于产业融合、产业分工和产业结构调整有一定的影响，但产业链的发展更依赖于市场行为，区域空间应以市场价格为引导信号，鼓励企业跨区域交流与发展，构成产业链的空间网络并不断深化与延长，从而实现产业的协同发展与结构的优化升级。政府应是充当调节机制的角色，促进地方政府间的合作，通过改善基础设施建设以及建立联合开发区等措施，减少因产业转移对本地经济增长造成的损失，进一步加强跨区域的产业深化分工模式。

6.2.5　强化创新要素集聚效应

充分发挥产业共聚的正外部性效应，促进城市群生产效率的提升。对于开放程度较高的珠三角城市群而言，一方面，要增加区域内技术创新成本和人力资本的投入，提升生产要素的跨区域流动性，发挥本地知识与技术溢出效应的辐射带动作用，推动跨区域生产效率的提升；另一方面，在产业国际化发展的背景下，更要重视本地市场的作用，城市群内各城市间具有空间邻近性，降低跨区域交易成本不仅能够解决内需不足的问题，还能够促进区域间生产效率的提升。鼓励核心优势产业在中心城市发展，通过税收、地租和就业等优惠政策为周边地区吸引产业的集聚提供基础条件，有效地避免威廉姆森假说条件下的经济效率下滑问题。同时，要发挥产业共聚对技术效率的提升作用，本书研究发现，珠三角城市群内产业共聚对技术效率的影响呈现抑制作用，但抑制作用不明显。

为了消除这种消极影响，将产业共聚对技术效率的积极推动作用显现出来，珠三角城市群内各级政府应为企业发展营造良性竞争环境和合理的外部制度环境，使企业能够在珠三角城市群内健康地发展，对低效率企业实行鼓励与监督政策，督促低效率企业进行业务转型和资产重组，充分发挥“双转移”战略的政策性目标，降低企业退出的沉没成本，提高企业引进政策的吸引力，对产业空间进行合理布局，还要进一步通过“腾笼换鸟”和“造林引凤”的政策机制，为高效率企业的发展打下坚实的基础。同时，要进一步加强产业共聚改善规模效率的作用，产业共聚并不会显著推动规模效率的提升，产业共聚对于规模效率的改善作用更多地体现在城市的规模扩大和相关行业共聚水平的提升。从生产性服务业集聚的空间效应看，生产性服务业集聚水平的提升能够有效地促进规模效率的改善，但这种改善会随着集聚的进一步提升由正转负。产业规模的扩大并不总能为全要素生产率的提升带来积极影响，生产规模的扩大很有可能以技术效率和技术进步效率下降为代价，这种规模效率的提升并不利于城市群经济的协调发展。因此，产业共聚对于规模效率的改变应从辩证的角度加以看待，应以技术效率和技术进步效率改善相结合为前提，通过二者结合的条件改善规模效率的方式应加以鼓励；反之，应不予支持。

6.2.6　完善双体系融合支撑机制

建立城市群现代产业体系，完善产业技术体系与空间体系的建设，推进二者的互动效应，共同促进城市群经济效益的提升与协调发展的能力。城市群多样化产业共聚为企业间的交流提供了便利的环境，企业应通过增加技术创新投入和人才培养等手段，提升自主创新能力，通过企业技术进步推动产业的技术创新，进一步使制造业和生产性服务业的技术边界缩小，从而促进产业的融合。政府应利用行政手段提高资源的配置与经济活动运行效率，通过降低交易成本、共享劳动力市场等手段促进产业融合。

在产业共聚与产业融合的共同作用下，完善城市群产业技术体系的建立，实现经济增长与生产效率的进一步提升。同时，还应把握好产业链的集聚与扩散效应，鼓励产业链跨区域的纵向延伸和横向深化，并整合跨区域产业链，完善区域产业链体系，进一步协调产业的发展。此外，城市群中各城市在寻求产业结构优化与高质量发展阶段时，应把握好各城市群产业间的内在联系，了解并明确区域空间异质性条件，如外商投资水平、基础设施建设水平等因素对产业空间布局的影响；政府间应从实际出发，统筹规划好差异性产业空间的布局模式，形成相互合作、良性竞争的区域一体化产业空间新格局，通过了解产业的空间关联和地方特色产业的发展规律，形成各城市相互作用、相互依存的城市群产业空间体系。结合产业技术体系与产业空间体系的内在联系机制，共建城市群现代产业体系，从现代产业体系视角出发，既要谋一域也要观全局，进一步优化城市群产业结构，促进经济的增长和经济效率的提升。

参考文献

[1] ADELHEID H. Transport infrastructure, agglomeration economies, and firm birth: Empirical evidence from portugal [J]. Journal of Regional Science, 2004, 44 (4): 693-712.

[2] ALESSANDRA C, ROSELLA N. Spillovers and growth in a local interaction model [J]. The Annals of Regional Science, 2008, 42 (2): 291-306.

[3] ANDERSSON R, QUIGLEY J M, WILHELMSSON M. Urbanization, productivity and innovation: Evidence from investment in higher education [J]. Berkeley Program on Housing & Urban Policy Working Paper, 2009, 66 (1): 2-15.

[4] ANSELIN L. Spatial econometrics: Methods and models [M]. Spatial Econometrics: Methods and Models, 1988.

[5] CHARLOT S, CARL G, FRÉDÉRIC R N, et al. Agglomeration and welfare: The core-periphery model [J]. Journal of Public Economics, 2004, 90 (1/2): 325-347.

[6] BALDWIN R E, MARTIN P, OTTAVIANO G I P. Global income divergence, trade, and industrialization: The geography of growth take-offs [J]. Journal of Economic Growth, 2001, 6: 5-37.

[7] BALDWIN R E, MARTIN P. Agglomeration and regional growth [J]. Handbook of Regional and Urban Economics, 2003, 4 (3960): 2671-2711.

[8] BESAG J E. Comments on repley's paper [J]. Journal of the Royal Statistical Society B, 1977, 9 (2): 193-195.

[9] CARLSSON J G, BEHROOZI M, MIHIC K. Wasserstein distance and the distributionally robust TSP [J]. Operations Research, 2018, 66 (6): 1603-1624.

[10] COASE R H. The nature of the firm [J]. Economica, New Series, 1937, 4 (16): 386-405.

[11] CLARK C, HASWELL M R. The Economics of Subsistence Agriculture [M]. Springer, 1970.

[12] CASTIGLIONE C, INFANTE D, SMIRNOVA J. Rule of law and the environmental kuznets curve: Evidence for carbon emissions [J]. Trinity Economics Papers, 2011, 4 (3): 245-269.

[13] DIXIT A K, STIGLITZ J E. Monopolistic competition and optimum product diversity [J]. The American Economic Review, 1977, 67 (3): 297-308.

[14] ELLISON G, GLAESER E L. Geographic concentration in US manufacturing industries: A dartboard approach [J]. Journal of Political Economy, 1997, 105 (5): 889-927.

[15] FUJITA M, MORI T. Original: On the dynamics of frontier economies: Endogenous growth or the self-organization of a dissipative system? [J]. Annals of Regional Science, 1998, 32 (1): 39-62.

[16] GLAESER E L, KALLAL D, SCHEINKMAN J A, et al. Growth in cities [R]. National Bureau of Economic Research, 1991.

[17] GOERZEN A, ASMUSSEN C G, NIELSEN B B. Global cities and multinational enterprise location strategy [J]. Journal of International Business Studies, 2013, 44: 427-450.

[18] HOWARD E, NEWMAN C, TARP F. Measuring industry coagglomeration and identifying the driving forces [J]. Journal of Economic Geography, 2016, 16 (5): 1055-1078.

[19] KOO J. Agglomeration and spillovers in a simultaneous framework [J]. The Annals of Regional Science, 2005, 39 (1): 35-47.

[20] KOPCZEWSKA K. Comment to XCL coagglomeration index: Distance-weighted-improved DCL index [J]. Papers in Regional Science, 2016, 95 (4): 903-910.

[21] MARTIN A, CHINTALA S, BOTTOU L. Wasserstein generative adversarial networks [R]. International Conference on Machine Learning, 2017.

[22] MARTIN P, OTTAVIANO G I P. Growth and agglomeration [J]. International Economic Review, 2001, 42 (4): 947-968.

[23] MAUREL F, SÉDILLOT B. A measure of the geographic concentration in French manufacturing industries [J]. Regional Science and Urban Economics, 1999, 29 (5): 575-604.

[24] MEIJERS E J, BURGER M J. Spatial structure and productivity in US metropolitan areas [J]. Environment and Planning A: Economy and Space, 2010, 42 (6): 1383-1402.

[25] MORI T, TURRINI A. Skills, agglomeration and segmentation [J]. European Economic Review, 2005, 49 (1): 201-225.

[26] PARR J B. Growth-pole strategies in regional economic planning: A retrospective view: Part 2. Implementation and outcome [J]. Urban Studies, 1999, 36 (8): 1247-1268.

[27] PALUZIE E, TIRADO D, JULIO M G, et al. Agglomeration and labour productivity in Spain over the long term [J]. Cliometrica, 2007, 2 (3): 195-212.

[28] ROBERT W H, WILLIAM C S. Coagglomeration, clusters, and the scale and composition of cities [J]. 2014, 122 (5): 1064-1093.

[29] SALVADOR B, LUISITO B, ERIC S. Coagglomeration and spillover [J]. Regional Science and Urban Economics, 2006 (4): 467-481.

[30] KES Z, FESER E. Count on the growth pole strategy for regional economic growth? Spread-backwash effects in greater central China [J]. Regional Studies, 2010, 44 (9): 1131-1147.

[31] TANAKA K, MANAGI S. Industrial agglomeration effect for energy efficiency in Japanese production plants [J]. Energy Policy, 2021, 156: 112442.

[32] TUAN C, NG L F Y. Manufacturing agglomeration as incentives to Asian FDI in China after WTO [J]. Journal of Asian Economics, 2004, 15 (4): 673-693.

[33] VANOORT. Urban growth and innovation: Spatially bounded externalities in the Netherlands [M]. London: Routledge, 2017.

[34] VON THUNEN. Isolated Country [M]. Rostock Press, 1986.

[35] ZHAO X, YIN H. Industrial relocation and energy consumption: Evidence from China [J]. Energy Policy, 2011, 39 (5): 2944-2956.

[36] 阿瑟·庇古. 福利经济学 [M]. 金镝译. 北京: 华夏出版社, 2007.

[37] 陈国亮, 陈建军. 产业关联、空间地理与二三产业共同集聚——来自中国212个城市的经验考察 [J]. 管理世界, 2012, 4: 82-100.

[38] 陈国亮. 海洋产业协同集聚形成机制与空间外溢效应［J］. 经济地理，2015，35（7）：113-119.

[39] 陈继海. 世界各国产业集聚模式比较研究［J］. 经济纵横，2003（6）：33-35.

[40] 陈建军，刘月，邹苗苗. 产业协同集聚下的城市生产效率增进——基于融合创新与发展动力转换背景［J］. 浙江大学学报（人文社会科学版），2016，46（3）：150-163.

[41] 陈军亚. 现代化进程中的产业转型、区域关系与中国治理［J］. 人民论坛，2021（13）：66-70.

[42] 陈启亮，王文涛. 中国省域金融集聚的影响因素分析［J］. 统计与决策，2017（12）：154-157.

[43] 陈露，刘修岩，叶信岳，等. 城市群视角下的产业共聚与产业空间治理：机器学习算法的测度［J］. 中国工业经济，2020（5）：99-117.

[44] 陈晓峰，陈昭锋. 生产性服务业与制造业协同集聚的水平及效应——来自中国东部沿海地区的经验证据［J］. 财贸研究，2014，25（2）：49-57.

[45] 陈曦，朱建华，李国平. 中国制造业产业间协同集聚的区域差异及其影响因素［J］. 经济地理，2018，38（12）：104-110.

[46] 戴维·W·S·黄，杰·李. ArcView GIS 与 ArcGIS 地理信息统计分析［M］. 北京：中国财政经济出版社，2008.

[47] 东童童，邓世成，晏琪. 国家级新区产业共聚的动态演变与趋势预测——来自浦东新区与滨海新区的实证研究［J］. 特区经济，2019（7）：10-15.

[48] 龚绍东. 产业体系结构形态的历史演进与现代创新［J］. 产经评论，2010（1）：21-28.

[49] 顾剑华，王亚倩. 产业结构变迁对区域高质量绿色发展的影响及其空间溢出效应——基于我国省域面板数［J］. 西南大学学报（自然科学版），2021，43（8）：116-128.

[50] 郭熙保. 柯林·克拉克的经济进步理论述评［J］. 经济学动态，1993（6）：61-65.

[51] 郝俊卿，曹明明，王雁林. 关中城市群产业集聚的空间演变及效应分析——以制造业为例［J］. 人文地理，2013，28（3）：96-100，129.

[52] 何雄浪，李国平. 专业化产业集聚、空间成本与区域工业化［J］. 经济学（季刊），2007（4）：1021-1040.

[53] 何雄浪，吴欢. 工业劳动力流动、技术溢出与经济地理新均衡——新经济地理学基础模型新发展［J］. 南京审计大学学报，2020，17（6）：90-100.

[54] 何宜庆，王耀宇，周依仿，等. 金融集聚、区域产业结构与生态效率耦合协调实证研究——以三大经济圈为例［J］. 经济问题探索，2015（5）：131-137.

[55] 黄永兴，徐鹏. 经济地理、新经济地理、产业政策与文化产业集聚：基于省级空间面板模型的分析［J］. 经济经纬，2011（6）：47-51.

[56] 吉亚辉，甘丽娟. 生产性服务业集聚与经济增长的空间计量分析［J］. 工业技术经济，2015，34（7）：46-53.

[57] 雷宏振，潘龙梅，雷蕾. 中国文化产业空间集聚水平测度及影响因素研究——基于省际面板数据的分析［J］. 经济问题探索，2012（2）：35-41.

[58] 李绍荣，杨春学. 对新古典经济学中市场交换理论的批判——兼评经济核心理论［J］. 经济科学，1999（6）：87-95.

[59] 梁琦．产业集聚的均衡性和稳定性［J］．世界经济，2004（6）：11-17，80.
[60] 刘汉初，樊杰，张海朋，等．珠三角城市群制造业集疏与产业空间格局变动［J］．地理科学进展，2020，39（2）：195-206.
[61] 刘惠敏．基于EG模型的北京都市区生产性服务业地理集中研究［J］．地理与地理信息科学，2007（2）：56-60.
[62] 刘胜，李文秀，陈秀英．生产性服务业与制造业协同集聚对企业创新的影响［J］．广东财经大学学报，2019，34（3）：43-53.
[63] 陆大道．人文地理学中区域分析的初步探讨［J］．地理学报，1984，51（4）：397-408.
[64] 卢福财，詹先志．高速铁路对沿线城市工业集聚的影响研究——基于中部城市面板数据的实证分析［J］．当代财经，2017（11）：88-99.
[65] 马歇尔．经济学原理上卷［M］．北京：商务印书馆，2011.
[66] 潘文卿，刘庆．中国制造业产业集聚与地区经济增长——基于中国工业企业数据的研究［J］．清华大学学报（哲学社会科学版），2012，27（1）：137-147，161.
[67] 彭兴庭．论现代产业体系的构建［J］．天府新论，2010（1）：46-50.
[68] 彭希帅．基于深度迁移学习的辅助驾驶应用研究［D］．上海：上海交通大学，2019.
[69] 邵朝对，苏丹妮，李坤望．跨越边界的集聚：空间特征与驱动因素［J］．财贸经济，2018，39（4）：99-113.
[70] 沈玉芳．产业结构演进与城镇空间结构的对应关系和影响要素［J］．世界地理研究，2008，17（4）：17-25.
[71] 孙久文，姚鹏．基于空间异质性视角下的中国区域经济差异研究［J］．上海经济研究，2014（5）：83-92.
[72] 孙晓华，郭旭，王昀．产业转移、要素集聚与地区经济发展［J］．管理世界，2018，34（5）：47-62，179-180.
[73] 石崧．城市空间结构演变的动力机制分析［J］．城市规划汇刊，2004（1）：50-52，96.
[74] 唐承丽，吴艳，周国华．城市群、产业集群与开发区互动发展研究——以长株潭城市群为例［J］．地理研究，2018，37（2）：292-306.
[75] 唐运舒，冯南平，高登榜，等．产业转移对产业集聚的影响——基于泛长三角制造业的空间面板模型分析［J］．系统工程理论与实践，2014，34（10）：2573-2581.
[76] 王今．产业集聚的识别理论与方法研究［J］．经济地理，2005（1）：9-11，15.
[77] 王燕，徐妍．中国制造业空间集聚对全要素生产率的影响机理研究——基于双门限回归模型的实证分析［J］．财经研究，2012，38（3）：135-144.
[78] 魏后凯．区域开发理论研究［J］．地域研究与开发，1988（1）：16-19.
[79] 魏后凯．现代区域经济学．（修订版）［M］．北京：经济管理出版社，2011.
[80] 文东伟，冼国明．中国制造业产业集聚的程度及其演变趋势：1998～2009年［J］．世界经济，2014，37（3）：3-31.